TEXTO
Tânia Diniz

DIAGRAMAÇÃO
Thalles S. Florêncio

CAPA
Juliana S.

ILUSTRAÇÕES
Rubens M.

SUMÁRIO

Você encontrará vários QR Codes no livro o que te levará a ter uma experiência e não apenas uma leitura. **Mas o que é um QR Code?** É um código de barras em 2D que pode ser escaneado pela maioria dos aparelhos celulares que têm câmera fotográfica. Esse código, após a decodificação, passa a ser um link que irá redirecionar o acesso ao conteúdo publicado em algum site. Basta você apontar a câmera do seu celular para o QR Code no livro que será levado direto ao conteúdo.

de princesa
A SAPO

5

[1] Para ouvir a música, use o QR Code acima.

Hunting High and Low is the debut studio album by Norwegian new wave band A-ha. Released on 1 June 1985 by Warner Bros. Records

Disponível em **https://youtu. be/s6VaeFCxta8**

NÃO ERA UMA SEGUNDA-FEIRA QUAL-QUER, minha cabeça fervilhava com as lembranças da noite anterior. Ainda me via no palco, milhares de pessoas aplaudindo, podia sentir o som das palmas pulsando dentro de mim. A música, do A-Ha - Hunting High And Low[1] tocava ao fundo e no telão fotos minhas sendo projetadas. Pela primeira vez, na vida, me sentia uma celebridade.

Estava tão envolta em euforia que nem percebi que o ônibus da Base Aérea de Anápolis já havia chegado ao seu destino. Só quando comecei a descer que notei que não parou no lugar de sempre. Estava na pista de pouso e decolagem. Todos que desceram do ônibus estavam já entrando em forma, se enfileirando na lateral da pista sob a voz de comando de um oficial. Logo ouvi a ordem para pegar sacos de lixo e começar uma faxina operacional. Que consiste, basicamente, em fazer uma linha de um lado ao outro da pista andando todos ombro a ombro, caminhar, abaixar e colocar no saco de lixo qualquer tipo de coisa que esteja no chão.

De princesa a sapo em menos de 24h, pensei. Foi exatamente nesse momento que tomei a decisão de dar fim a minha carreira militar. O Marketing Multinível tornou-se meu negócio, mais do que isso, meu estilo de vida. Um mundo novo, cheio de desafios e possibilidades me esperava.

por que ler
ESTE LIVRO?

JOSEPH ALOIS SCHUMPETER FOI UM DOS MAIORES economistas do século 20. Também chamado "o profeta da inovação", ele é mais conhecido pela sua teoria da "destruição criativa" que sustenta que o sistema capitalista progride por revolucionar constantemente sua estrutura econômica. Novas empresas, novas tecnologias, e novos produtos substituem constantemente os antigos. Como a inovação acontece aos trancos e barrancos a economia capitalista está, de forma natural e saudável, sujeita a ciclos de crescimento e implosão.

Schumpeter afirma que o empresário tem o papel crucial de romper com as estruturas antigas e criar novas.

O modelo de negócio apresentado nas próximas páginas cumpre com essa premissa. Porque rompe com os conceitos mercadológicos anteriores e vigentes. Ao permitir que o ator final da cadeia de consumo, o consumidor, possa se tornar não apenas o gerador do lucro, mas também participante dele (lucro), inverte o natural do comércio e desafia os paradigmas estabelecidos. Sendo assim, mesmo depois de décadas de atividade, esse modelo ainda é incompreendido por muitos.

Essa incompreensão vai a níveis graves, por isso que o título do livro é 'Multinível, oportunidade ou golpe?'. Embora atualmente a palavra golpe esteja muito associada à política, aqui seu significado é de 'estratégia desleal para se obter vantagens ou desvio de dinheiro alheio'.

Portanto, vou levantar questões e provocar reflexões para que o leitor possa, através do conhecimento de fatos e dados de múltiplas fontes, formar sua própria opinião sobre essa inquietante indústria do Marketing Multinível.

Ao final, pretendo que a pergunta da capa seja respondida, com segurança, por todos que lerem este livro.

Mas você, leitor, pode ainda estar perguntando: **o que eu ganho com essa leitura?** Depois de ler você será capaz de:

1) Identificar com segurança a diferença entre Multinível e pirâmide financeira;
2) Conhecer os números astronômicos da indústria do Multinível;
3) Entender porque o Multinível pode ser considerado a maior 'incubadora' de empreendedores no Brasil;

4) Identificar e eliminar os riscos do negócio;
5) Saber quais são e como evitar as mentiras do Multinível;
6) Entender porque a mulher se destaca no Multinível;
7) Ter argumentos para falar sobre o Multinível baseado em dados e fatos;
8) Saber a opinião de especialistas importantes do mundo dos negócios sobre o Multinível;
9) Entender porque o Multinível é uma saída para a crise econômica;
10) Entender porque o Multinível é uma excelente opção para os desempregados do avanço tecnológico;
11) Entender porque o Multinível é o modelo de negócio ideal para quem quer começar a empreender;
12) Entender porque o Multinível é desprezado pela mídia como modelo de negócio;
13) Saber porque os jovens têm um grande futuro no Multinível;
14) Saber porque o Multinível é uma opção de renda que se destaca cada vez mais para os idosos.

o impacto da
INDÚSTRIA

MARKETING DE REDE, *Network Marketing*, em inglês, também conhecido como Marketing de Relacionamento ou Marketing Multinível (MMN) é um modelo comercial de distribuição de produtos em que os ganhos são gerados pela venda direta e cadastramento de novos empreendedores.

A empresa que opta por essa forma de comercialização deixa de investir nos meios tradicionais de marketing e paga pessoas que usam, vendem e promovem os produtos dela para receber pagamentos de comissões, bônus ou prêmios que são destinados, não só aos profissionais que fazem as vendas, como também às pessoas que os cadastraram.

Os pagamentos são feitos em múltiplos níveis de acordo com a produção de cada um e a sua posição hierárquica na rede de contatos. Existem muitas variações das formas de bonificação de uma empresa para outra.

De acordo com Richard Poe, no livro 'Muito mais sobre Network Marketing', o MMN existe desde 1941, foi criado nos Estados Unidos. Paulo de Tarso Aragão, autor de 'Uma pequena história do Marketing Multinível', afirma que o MMN chegou ao Brasil no final dos anos 70, mas que as empresas que atuam até hoje começaram suas atividades no início dos anos noventa.

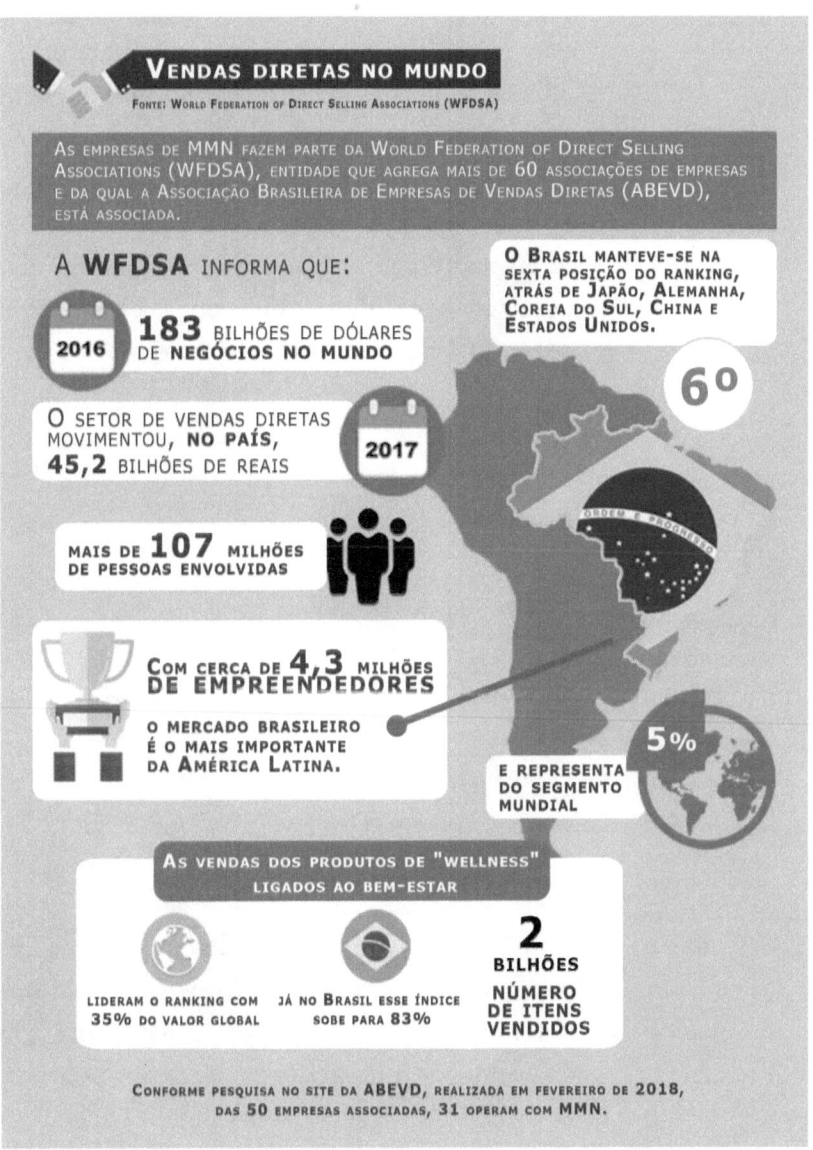

VENDAS DIRETAS NO MUNDO

FONTE: WORLD FEDERATION OF DIRECT SELLING ASSOCIATIONS (WFDSA)

AS EMPRESAS DE MMN FAZEM PARTE DA WORLD FEDERATION OF DIRECT SELLING ASSOCIATIONS (WFDSA), ENTIDADE QUE AGREGA MAIS DE 60 ASSOCIAÇÕES DE EMPRESAS E DA QUAL A ASSOCIAÇÃO BRASILEIRA DE EMPRESAS DE VENDAS DIRETAS (ABEVD), ESTÁ ASSOCIADA.

A **WFDSA** INFORMA QUE:

O BRASIL MANTEVE-SE NA SEXTA POSIÇÃO DO RANKING, ATRÁS DE JAPÃO, ALEMANHA, COREIA DO SUL, CHINA E ESTADOS UNIDOS.

2016 **183** BILHÕES DE DÓLARES DE **NEGÓCIOS NO MUNDO**

6º

O SETOR DE VENDAS DIRETAS MOVIMENTOU, **NO PAÍS**, **45,2** BILHÕES DE REAIS **2017**

MAIS DE **107** MILHÕES DE PESSOAS ENVOLVIDAS

COM CERCA DE **4,3** MILHÕES **DE EMPREENDEDORES**

O MERCADO BRASILEIRO É O MAIS IMPORTANTE DA AMÉRICA LATINA.

5%

E REPRESENTA DO SEGMENTO MUNDIAL

AS VENDAS DOS PRODUTOS DE "WELLNESS" LIGADOS AO BEM-ESTAR

LIDERAM O RANKING COM 35% DO VALOR GLOBAL

JÁ NO BRASIL ESSE ÍNDICE SOBE PARA 83%

2 BILHÕES NÚMERO DE ITENS VENDIDOS

CONFORME PESQUISA NO SITE DA **ABEVD**, REALIZADA EM FEVEREIRO DE 2018, DAS **50** EMPRESAS ASSOCIADAS, **31** OPERAM COM **MMN**.

As empresas de MMN fazem parte da *World Federation of Direct Selling Associations* (WFDSA), entidade que agrega mais de 60 associações de empresas e da qual a Associação Brasileira de Empresas de Vendas Diretas (ABEVD), está associada. A WFDSA informa que, em 2016, as vendas diretas totalizaram 183 bilhões de dólares de negócios no mundo, com mais de 107 milhões de pessoas envolvidas. O Brasil manteve-se na sexta posição do ranking, atrás de Japão, Alemanha, Coreia do Sul, China e Estados Unidos. De acordo com a ABEVD, os seis maiores mercados de vendas diretas, com quase 70% do volume mundial são:

1. United States...19% das vendas mundiais.

2. China...........19%

3. Alemanha........9%

4. Korea............9%

5. Japão.............8%

6. Brazil...........5%

Com cerca de 4,3 milhões de empreendedores pelo país, o mercado brasileiro é o mais importante da América Latina e representa 5% do segmento mundial. As vendas dos produtos de "wellness", ligados ao bem-estar, lideram o ranking com 35% do valor global, já no Brasil esse índice sobe para 83%. O setor de vendas diretas movimentou, no país, 45,2 bilhões de reais, em 2017. O número de itens vendidos foi de quase 2 bilhões no ano. Conforme pesquisa no

[1] Dependendo da data que está lendo o livro, os dados podem ter mudado. Para acessar dados atualizados use o QR Code acima.

Dados da ABEVD - Abevd.org.br

Disponível em: http://abevd.org.br/noticias-e-informacoes/dados-e-informacoes/

site da ABEVD[1], realizada em fevereiro de 2018, das 50 empresas associadas, 31 operam com MMN.

Valor Social

Philip Kotler, em seu livro 'Marketing 3.0', afirma que atualmente existe mais confiança nos relacionamentos horizontais do que verticais. As pessoas acreditam mais umas nas outras do que nas empresas. Kotler revela que em uma pesquisa realizada por *Trendstream / Lightspeed Research,* cerca de 90% dos consumidores confiam mais em estranhos na sua rede social do que em especialistas. Os consumidores voltam-se para o 'boca a boca' como uma maneira nova e confiável de propaganda. O MMN trabalha dentro dessa visão e através dos seus números confirma a afirmação de Kotler.

As vendas diretas, praticadas no MMN, têm relevância e importância para a economia brasileira, já que seu volume de negócios corresponde a cerca de 8% do PIB da indústria da transformação. Em 2015, o valor dessa indústria foi de R$ 1,1 trilhão. A diretora presidente da ABEVD, Ana Beatriz Macedo da Costa lembra que o setor contribui para geração ou complementação de renda de muitos brasileiros. "As Vendas Diretas são um canal importante para a manutenção da saúde financeira de muitas famílias Brasil afora, pois contribuem em 40% no orçamento familiar". Valeria Rossi, presidente executiva da ABEVD, complementa que as empresas associadas à ABEVD têm reiterado o compromisso de oferecer condições para que os revendedores se desenvolvam na atividade, seja com treinamentos sobre os produtos, seja com cursos para gerir os seus negócios, o que só reforça o caráter empreendedor deles. Num cenário de recessão, iniciativas assim contribuem significativamente e ainda mais para o profissionalismo da atividade, o que, em última instância, é também um serviço de cunho social.

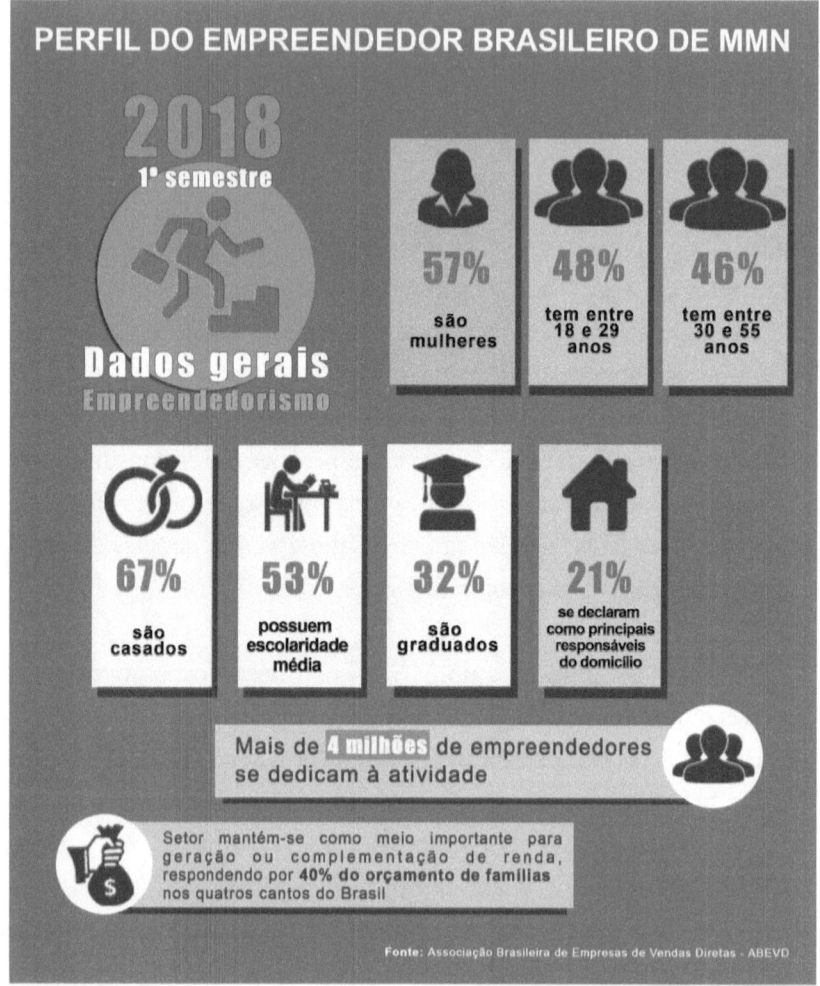

PERFIL DO EMPREENDEDOR BRASILEIRO DE MMN

2018
1º semestre

Dados gerais
Empreendedorismo

57% são mulheres

48% tem entre 18 e 29 anos

46% tem entre 30 e 55 anos

67% são casados

53% possuem escolaridade média

32% são graduados

21% se declaram como principais responsáveis do domicílio

Mais de 4 milhões de empreendedores se dedicam à atividade

Setor mantém-se como meio importante para geração ou complementação de renda, respondendo por 40% do orçamento de famílias nos quatros cantos do Brasil

Fonte: Associação Brasileira de Empresas de Vendas Diretas - ABEVD

14

EM 1984, REALIZEI UM GRANDE sonho de infância, me tornei uma das primeiras mulheres militares do Brasil. Quando na formatura coloquei a farda azul[2] com divisas em meu braço e o quepe com a asa dourada da Aeronáutica em minha cabeça, minha emoção foi indescritível. Achei que minha vida profissional estava resolvida. Passei em um concurso público federal dificílimo concorrendo com uma quantidade de mulheres suficiente para lotar as arquibancadas

do Maracanãzinho no dia da prova. Eram apenas 10 vagas. Depois, tive nove meses de adaptação à vida militar na Pampulha, em Belo Horizonte, muitos quilômetros longe de casa. Na época, tinha 19 anos. Solteira e jovem, sentia que tinha uma vida maravilhosa a ser vivida pela frente. Em 1987, conheci o grande amor da minha vida. Celso e eu nos casamos nove meses depois. Ele também era sargento da Aeronáutica e achava que ia conquistar o mundo.

² Para ver fotos dessa época, use o QR Code acima.

Álbum de fotos - Força Aérea - Flickr - Celsoetaniadiniz

Disponível em: https://www.flickr.com/photos/celsoetaniadiniz/albums/72157699250965591

15

Porém, os anos foram passando e acabamos por entender que não estávamos nos encaminhando para a realização dos nossos sonhos. Quando nosso segundo filho nasceu, em 1990, o que tínhamos conquistado financeiramente era um Volkswagen Gol 1984 e uma casa de fundos sem garagem, sem quintal e com apenas um quarto. Foi nessa época que começamos a questionar sobre o futuro. Em nossas conversas, sempre falamos em viajar o mundo, ter uma casa grande e bonita com um carrão na garagem, poder colocar nossos filhos nas melhores escolas, ajudar a família e a nossa Igreja. Porém, nada disso parecia estar nem perto de acontecer. Pior, quando começamos a pensar seriamente, percebemos que colegas de carreira que estavam se aposentando nunca conquistaram nada nem parecido.

Precisávamos fazer obra na casa. Não tinha terreno para os lados, a solução para construir mais um quarto para as crianças era criar um piso superior o que implicava em reforçar as estruturas da casa. O custo da obra pareceu uma fortuna para nós. Então, começamos a pensar em formas de fazer renda extra. Trabalhamos em várias atividades. Celso viajou para o Paraguai e trouxe importados para vendermos no quartel para os amigos. Também começou a dar aulas particulares de reforço. Eu vendia picolé feito em casa, churrasquinho nas festas de rua e sanduíches na praia.

Depois, compramos uma Kombi 1976 para fazer fretes e levar mais petiscos para vender nas festas. Também passamos pela fase das rifas, quando Celso começou a rifar todos os nossos eletrônicos para fazer dinheiro para a obra. Os anos foram passando e, a muito custo, conseguimos finalizar a reforma da casa. Porém, nunca tivemos uma renda que chegasse perto da realização dos nossos sonhos. Isso nos causava frustração e desânimo.

Quando me tornei uma profissional bem sucedida, o meu nível de realização mudou completamente. No MMN mudei de classe social e de estilo de vida. Hoje, sinto-me muito bem paga e reconhecida. Já conheço dezenas de países, aposentei meus pais, meus filhos estudaram nas melhores universidades dentro e fora do país, construí a casa dos meus sonhos e posso ter os carros que quiser na garagem. Muito mais importante, ajudei milhares de pessoas a conquistarem uma vida melhor também. Isso prova que o MMN muda vidas e tem um grande valor social.

À medida que fui ganhando dinheiro e formando novas pessoas bem sucedidas, comecei a criar projetos de assistência às comunidades carentes e incentivei todos os meus parceiros no MMN a colaborarem. Na cidade do Natal, Rio Grande do Norte, onde escolhi para viver, desde 1997, a Câmara de Vereadores reconheceu o alcance do nosso trabalho de incentivo ao empreendedorismo e a importância social do MMN. Por isso, em 05 de dezembro de 2008, recebi o título de cidadã natalense[3], pelos bons serviços prestados à cidade.

17

[3] Para assistir o vídeo da cerimônia, use o QR Code ao lado.

Álbum de fotos - Título de cidadã natalense - Flickr - Celsoetaniadiniz

Disponível em: https://www.flickr.com/photos/celsoetaniadiniz/albums/72157671146260177

o multinível e o
EMPREENDEDORISMO

DE ACORDO COM MATÉRIA da revista americana de negócios *Success*, um estudo de 2010 realizado pela *Intuit* revelou que, até 2020, 40% da força de trabalho dos americanos será composta por trabalhadores independentes. Mas o recente progresso tecnológico e empreendedor acelerou as coisas. O efeito desse desenvolvimento em um nível macroeconômico é enorme.

O renomado economista, Paul Zane Pilzer, afirma que até 2020 "pelo menos metade dos então 130 milhões de casas dos EUA estarão participando da *YouEconomy*. Essas famílias representam aproximadamente 127 milhões de adultos americanos dentro de uma população adulta de 255 milhões". De acordo com um estudo independente de 2015, encomendado pelo *Freelancers Union & Upwork*, 54 milhões de americanos fizeram algum tipo de trabalho *freelancer* em 2015.

O estudo do Sebrae, publicado em 2014, revela que ter seu próprio negócio é o terceiro sonho mais comum entre os brasileiros, atrás apenas de ter casa própria e viajar. Esse estudo também mostrou que 34,5% dos brasileiros estão envolvidos de alguma forma com o empreendedorismo.

Como um dos protagonistas dessa nova economia, o AirBnb é a maior rede de hospedagens da atualidade e não possui um imóvel sequer, apenas tem um site que possibilita, de forma simples e independente, que proprietários aluguem seus imóveis. O Uber é a maior frota de táxi do mundo e não tem nenhum veículo, porque trabalha com motoristas *freelancers* que circulam em seus próprios automóveis.

O MMN está totalmente inserido nessa nova realidade porque possibilita que as pessoas possam ter o próprio negócio investindo muito pouco, sem largar as atividades atuais e sem experiência anterior. Por todos esses elementos o modelo de negócio vem atraindo cada vez mais empreendedores no Brasil.

A *Success* afirma que para alguém que acha a ideia de um *microbusiness* atraente, mas não tem certeza de como começar, o MMN pode ser a porta de entrada para uma jornada empresarial. "Sistema de marketing totalmente formado para empresários que estão ansiosos para espalhar suas asas e serem independentes. O empreendedor individual tem acesso constante ao marketing, suporte e recursos técnicos da empresa que fornece produtos ou serviços", diz a matéria, e acrescenta que a venda direta é uma das indústrias que melhor aproveita as mídias sociais para divulgar e vender. Além disso, compara o MMN a um negócio familiar. "Isso significa que o custo financeiro para começar é mínimo. Para pessoas que desejam possuir seus próprios negócios, este sistema de baixo custo, fácil de começar a ganhar dinheiro e que tem apoio de treinamento é como juntar-se a uma empresa familiar de sucesso comprovado".

A revista afirma ainda que se uma pessoa sonha em assumir o controle do seu tempo e dinheiro, mas não está preparado para o risco do empreender sozinho, deve perguntar a alguém se conhece quem já está no MMN para mostrar como começar.

A *Entrepreneur*, outra revista de negócios respeitada nos EUA, diz que as pessoas estão cansadas da 'corrida de ratos corporativos' e que muitos estão começando empresas domésticas em números recorde. De acordo com a matéria, a CNN informou que um novo negócio baseado em casa é iniciado nos Estados Unidos a cada 11 segundos. O *boom* da empresa em casa é a próxima grande tendência, e o MMN é uma das atividades mais procuradas, porque oferece baixo investimento inicial e despesas gerais mensais. Os empresários podem começar em tempo parcial, enquanto ainda empregados, e construir o negócio para substituir sua renda no trabalho atual. Além disso, idade, sexo e raça não são barreiras no MMN.

A internacional revista Forbes afirma que negócios de MMN não são apenas "negócios domésticos" muito interessantes, eles são bem-sucedidos.

TRABALHAR EM CASA NÃO TEM PREÇO. Quando eu era militar, trabalhava a quase três horas de distância de casa. Praticamente, seis horas de viagem por dia. Eu sempre pensava quanto tempo estava perdendo naquela infinidade de horas andando de ônibus.

Além de todas as vantagens de trabalhar em casa, tais como a comodidade e ficar com meus filhos, o MMN me proporcionou compartilhar objetivos e metas com meu marido. Nosso casamento foi muito fortalecido quando começamos a trabalhar juntos.

Não posso afirmar que casais que têm profissões completamente diferentes sofram por isso, mas posso dizer com certeza que para mim é muito bom trabalhar juntos. Às vezes, quando vou a um restaurante, observo casais que pouco conversam. Fico imaginando que eles vivem em mundos diferentes a maior parte do dia e quando se encontram à noite os assuntos que têm em comum são a educação dos filhos, as contas a pagar, entre outros problemas domésticos que rapidamente levam à rotina. Meu casamento não tem rotina, porque estamos sempre planejando, criando novas estratégias e viajando juntos no nosso negócio.

Também é importante colocar, que muito além de tudo que o trabalho freelancer ou autônomo proporciona, o MMN traz em si a possibilidade de liberdade financeira. Ou seja, um autônomo que precise ganhar mais terá que trabalhar por mais horas, claro que isso tem um limite, porque ninguém nunca terá 25 horas no dia. Se um freelancer fica doente ele para de faturar. Assim sendo, o trabalho independente é excelente para quem não gosta de ter patrão e quer fazer as coisas do seu jeito, mas não dá segurança nem liberdade.

No MMN ganha-se sobre o próprio volume de negócios e o de todas as outras pessoas da equipe. Por isso, mesmo que o networker pare de trabalhar, para viajar ou por alguma necessidade, a renda continua.

Formando um *MIND SET* empreendedor

Renato Alves, em seu livro "O cérebro com foco e disciplina", alerta que a mente do cidadão contemporâneo é agitada, com pensamentos desconexos, desorganizados e viciosos com ausência total de foco. Um roteiro mental repetitivo que serve apenas para sugar energias e tem produzido nas vidas das pessoas mais decepções que realizações. Um estado caótico no qual foco, silêncio, e criatividade cederam lugar para ansiedade, medo e decepção.

Nesses mais de 20 anos no MMN, encontrei milhares de pessoas com medo de empreender e até de fazer sucesso. A maioria delas, assim como eu, não tem nenhum exemplo de pessoa bem sucedida na família e vem de uma longa descendência de funcionários. No MMN aprendi e ensinei milhares de pessoas a encarar seus medos, pensar positivo, proteger-se dos negativos, não procrastinar, manter o foco, ter uma rotina produtiva e que a motivação sem ação é pura ilusão.

É impossível ter resultados diferentes fazendo as mesmas coisas, mas só encarei essa verdade, de fato, no MMN. Creio que muitas pessoas ainda vivem na ilusão de um futuro melhor, mas não fazem nada diferente para melhorar suas perspectivas.

No MMN, se elas se associam com lideranças experientes, aprendem o que é preciso para não viver com medo do futuro e sim agir para transformá-lo. Então, o MMN trabalha intensivamente no desenvolvimento pessoal formando nas pessoas um novo 'mind set', uma nova forma de pensar. Assim, também altera suas atitudes e resultados, porque aprendem a pensar e agir como empreendedores. Esses novos paradigmas criados são tão concretos que até quando saem do Multinível, as pessoas estão prontas para arriscar em outros ramos de negócio.

os
RISCOS

EMPREENDER É ASSUMIR RISCOS. Para ter um negócio próprio, alguns riscos sempre estão envolvidos. Geralmente a carreira e as finanças pessoais são colocadas em jogo. Embora o MMN livre os empreendedores de riscos comuns, tais como, necessidade de experiência anterior, muito capital investido e necessidade de dedicação integral, os riscos existem, mas, de acordo com os especialistas, parecem estar muito mais ligados às atitudes e reações do empreendedor frente ao negócio.

John Bremner, em seu livro 'Como Ficar rico com Network Marketing', escreveu que para ser bem sucedido no MMN é preciso conviver com as piores frustrações que já se enfrentou na vida. "Você já rangeu os dentes? Prepare-se para mastigar tijolos", diz ele, ao descrever o que chama de 'Os 10 empecilhos'. No empecilho número um, Bremner explica que ao marcar encontros com as pessoas a maioria delas não aparecerão.

Nos outros ele vai listando desafios diários do empreendedor, tais como, perder de 60% a 80% dos descendentes conquistados a duras penas, não receber de volta o material de apoio, perder amigos à medida que vai se tornando mais bem-sucedido, arcar com mais responsabilidade à medida que cresce, aturar pessoas falando que o negócio não dará certo, falta de capital de giro, trabalhar com muito empenho de dois a cinco anos, pensar no negócio o tempo todo, perder o sono e pagar cada vez mais imposto de renda.

Leonard Clements, alerta que em qualquer discussão, sobre porque as pessoas fracassam no MMN, ninguém nunca atribuiu a responsabilidade a elas mesmas. Porém, é exatamente isso que acontece. Clements aponta como os principais motivos para o fracasso no MMN:

1. A falta do conhecimento;
2. 'Síndrome do refugo' - o ato de pular de uma empresa para a outra constantemente;
3. Fazer volumes maiores que o necessário - estocar produtos para alcançar metas;
4. Apatia do empreendedor - não fazer o que precisa ser feito;
5. Desistir.

Richard Poe explica que o maior de todos os obstáculos no MMN é começar. "A procrastinação paralisa muitos novos cadastrados antes de fazerem sua primeira ligação e o desânimo dizima os que transpõem a barreira. Antes de concluir seu primeiro ano, até 90% dos novos cadastrados no MMN simplesmente entregam os pontos", afirma o jornalista. Poe descreve o que ele chama de 'As sete armadilhas fatais dos iniciantes' e diz que quem evitar esses riscos colocará seu negócio em considerável vantagem competitiva.

A primeira armadilha Poe chama de 'Reinventando a roda'. Ele afirma que o MMN é um negócio de princípios simples: o primeiro é saber vender, o segundo patrocinar e o terceiro como treinar pessoas para vender, patrocinar e treinar. Porém, empreendedores inexperientes estão sempre buscando maneiras de tornar o negócio mais complicado, em vez de seguirem os procedimentos testados e consagrados ensinados por seus patrocinadores, perdem tempo e energia preciosos tentando reinventar a roda.

A armadilha dois Poe chama de 'Uma atitude displicente'. Segundo ele, muitos profissionais de MMN tratam seus negócios como *hobbies* ou atividades secundárias. Dedicam-se superficialmente ao trabalho, em vez de considerá-lo um compromisso sério.

A terceira armadilha é a 'Colocando-se no centro do palco'. O jornalista coloca em seu livro vários depoimentos de pessoas que iniciaram no MMN com fluxo de caixa negativo e afirma que elas não são exceção. "Quando você inicia em MMN, geralmente é uma má propaganda para sua empresa. A maior parte do tempo, você pode estar irritado, frustrado e desanimado", diz Poe. Ele aconselha para resolver essa situação, e não afugentar contatos, procurar um mentor na linha ascendente. Uma pessoa bem-sucedida em um nível ascendente que esteja disposta a ajudar.

Nos negócios convencionais, a maioria das pessoas evita procurar um mentor. Imaginam que executivos importantes não tem tempo a perder. Porém, no MMN, a linha ascendente tem interesse financeiro em ajudar os iniciantes.

Armadilha quatro, 'Tomando a rejeição como uma questão pessoal'. Poe explica que a rejeição é sempre devastadora e que é capaz de paralisar o novo cadastrado. Mas que observando as regras e os procedimentos ensinados pelo patrocinador, se obtém força para enfrentar o próximo desafio. Além disso, seu entrevistado, Mark Yarnell, profissional norte americano bem-sucedido em MMN, conclui que o fundamental é sempre apresentar a oportunidade. "A única e real responsabilidade do empreendedor é expor sua oportunidade diariamente, ao maior número possível de pessoas, durante um a três anos. Se fizer isso, os números falarão por si mesmos", afirma.

'Negligenciando suas vendas a varejo' é a armadilha cinco. Nela Poe chama à atenção para a necessidade de vender. "Na sua corrida para cadastrar uma grande organização, muitos profissionais de MMN desdenham a venda a varejo do produto. "Deixem que seus descendentes se encarreguem das vendas", dizem eles. Mas os seus descendentes seguem o exemplo que vem de cima. Se você não vender, eles também não venderão". Ele conclui dizendo que só existe uma maneira de ganhar dinheiro no MMN, é movimentando o produto.

A armadilha número seis é 'Dando ouvidos aos ladrões de sonhos'. Falar da oportunidade sem se sentir treinado, confiante e pronto, poderá fazer o novo cadastrado sucumbir aos 'ladrões de sonhos'. Eles podem ser parentes próximos, colegas de trabalho, ou praticamente toda pessoa que se conhece e respeita, que tente impor uma visão deformada sobre o MMN. Poe afirma que a melhor defesa contra esse risco é a informação e o treinamento. "Faça seu trabalho de casa. Leia a respeito do ramo. Familiarize-se com as forças inatas do MMN. Então, você poderá derrubar os argumentos falaciosos dos 'ladrões de sonhos' com fatos isentos e dados irretorquíveis", ensina.

> Aqui, cabe uma observação importante: com o avanço tecnológico os ladrões de sonhos estão a um click de você. Portanto, cuidado! São muitas as pessoas que por não se esforçarem o suficiente não conseguem ser bem-sucedidas no MMN e se tornam haters, inimigos online, que vão gastar tempo e energia fazendo vídeos de ódio sobre o MMN com os mais convincentes argumentos para os ingênuos no negócio.

A sétima e última armadilha descrita por Poe é 'Abusando do seu patrocinador'. Poe avisa que a boa vontade do patrocinador é fundamental para o sucesso. "Seu patrocinador é o seu recurso mais crucial. Ele existe para aconselhá-lo, encorajá-lo, ajudá-lo a vender e a cadastrar. Perca a boa vontade de seu patrocinador e terá cortado sua linha vital", diz ele. O escritor acrescenta que muitos novos no MMN exasperam seus patrocinadores com reclamações intermináveis, lamentações e outras pressões emocionais. Tratam seus patrocinadores como se eles fossem psicoterapeutas, papel para o qual a maioria dos profissionais bem-sucedidos não dispõem de tempo, preparo, paciência ou estômago.

Ao ler Will Marks, fica claro que o maior risco que corre o empreendedor de MMN é não querer aprender as habilidades necessárias. Lawrence Kramer, um dos entrevistados de Marks afirma que duvida que a maioria das pessoas possa adquirir as habilidades necessárias para se tornar um profissional bem-sucedido no MMN. Assim como, duvida que a maioria das pessoas consegue aprender as habilidades necessárias para se tornar um líder corporativo, muito bem pago, simplesmente, porque a maioria das pessoas não tem vontade e disposição para se concentrar. "Há realmente alguma coisa que um praticante do MMN deve fazer para ter sucesso que a maioria das pessoas não possa aprender? Não, se elas estiverem dispostas a mudar. A maioria das pessoas está disposta a mudar? Não", afirma.

Robert Kiyosaki diz que a construção de um negócio do MMN é um dos desafios mais difíceis que uma pessoa pode assumir. Ele define o MMN como um negócio no quadrante D. De acordo com Kiyosaki, todos os tipos de profissionais se enquadram em um dos quatro quadrantes:

E - empregados
A - autônomos
D - donos de negócio
I - investidores

O escritor afirma que a razão de existirem tantas pessoas nos quadrantes E e A é que aqueles quadrantes são menos exigentes do que o quadrante D. "Se fosse fácil, todos estariam fazendo", diz ele ao explicar que pessoas que entram no MMN às vezes experimentam uma espécie de choque cultural, porque estão acostumadas a fazer o que lhes é mandado. "Você pode trabalhar arduamente no quadrante E e, ainda assim, não ter absolutamente nenhuma experiência no estabelecimento de metas, na elaboração de um plano de ação, no controle de agenda e de tempo e na execução de uma sequência clara de ações produtivas", diz.

Kiyosaki fala ainda que uma das belezas do MMN é que ele afasta o véu de mistério e revela a vida no quadrante D. "O MMN é uma escola de negócios do mundo real para pessoas que querem aprender habilidades do mundo real de um empreendedor, e não as habilidades de um empregado", afirma o *businessman* e autor de *best sellers* norte americano.

Além disso, Kiyosaki explica que para ser bem-sucedido não basta mudar o tipo de negócio com o qual se trabalha, porque a principal mudança a ser feita é interior. "Posso lhe mostrar o negócio perfeito, mas para que o negócio evolua, você terá de evoluir também", e continua dizendo que cada um de nós tem um perdedor e um vencedor dentro de si, que muitas vezes competem para entrar em ação. "O vencedor está sempre pronto para assumir riscos, mas o perdedor só pensa em segurança. Como você sabe que o perdedor está dominando? É quando fica pensando: ah, eu não tenho dinheiro, e se eu falhar, isso é muito arriscado". Ele conclui dizendo que o perdedor fala incansavelmente sobre segurança e acaba preso a uma carreira e a uma vida que nunca são verdadeiramente seguras. "O que há de seguro em trabalhar 40 horas por semana para uma empresa que, provavelmente, irá demitir você nos próximos anos?", questiona.

Ele aconselha que dê-se tempo para desaprender também. "Por mais que existam coisas para aprendermos nesse negócio, são boas as chances de que também haja uma quantidade substancial de coisas para desaprendemos. Uma das razões para que muitas pessoas fiquem tão arraigadas aos quadrantes E e A é que elas começam a se sentir confortáveis ali. Não é que esses quadrantes sejam necessariamente mais confortáveis. Afinal, você está sendo tributado como um louco, seu tempo nunca é propriamente seu, muitas vezes você é forçado a trabalhar com pessoas que não suporta e de muitas maneiras esses quadrantes são realmente muito desconfortáveis. Mas as pessoas começam a se sentir confortáveis lá porque passaram anos aprendendo a estar ali, é o que elas sabem, afinal", explica.

32 Kiyosaki, diz ainda, que o maior risco no MMN se resume a falta de ação. "Você pode planejar, estudar e aprender tudo o que quiser, mas as únicas pessoas que vencem no MMN são aquelas que agem hoje, amanhã e sempre" conclui.

Eric Worre, no livro 'Go Pro - 7 Passos para ser um profissional de Marketing de Rede', afirma que no MMN o empreendedor recebe todos os benefícios de um negócio tradicional, porém sem os riscos típicos. Embora ele não fale de riscos, lista uma série de habilidades necessárias para se ter sucesso no negócio. Além disso, alerta que o profissional de MMN deve aceitar uma 'perda temporária de estima social de pessoas ignorantes'. Worre explica que o MMN está inserido na Nova Economia e é diferente dos negócios tradicionais, por isso, pessoas que ainda vivem e trabalham no sistema antigo, vão menosprezar os profissionais de MMN. Também avisa para a necessidade de se profissionalizar. "Se vai se envolver com o MMN seja um profissional", diz.

Em minha opinião, existem ainda outros riscos importantes a serem considerados, são eles:

ENTRAR NA EMPRESA DA ONDA

A maioria das pessoas está à mercê da prova social. Mas o que é prova social?

Um fenômeno psicológico em que as pessoas assumem as ações dos outros, na tentativa de refletir o comportamento correto para uma determinada situação. O neuromarketing afirma que, um dos segredos para conquistar um cliente é mostrar que o produto ou serviço está sendo utilizado por outra pessoa. O ser humano é por natureza gregário e precisa de uma sensação de 'pertencimento'. As pessoas querem se sentir dentro de um grupo maior. A prova social dá esse grupo para elas. Quanto mais gente comprou um determinado produto, menor é o medo de comprá-lo.

Prova social também é definida por um fenômeno psicológico em que as pessoas assumem as ações dos outros, na tentativa de refletir o comportamento correto para uma determinada situação. Observar o comportamento das pessoas do nosso meio é um conveniente atalho mental que simplifica o processo de decisão. Algumas pessoas precisam se sentir parte da massa usando ou fazendo o que os outros estão usando e fazendo. Cavett Robert, diz que 95% das pessoas são imitadoras, e apenas 5% são iniciadoras. "Elas são convencidas mais pelas ações dos outros do que por qualquer prova que possamos oferecer", afirma o consultor de vendas e motivação.

A experiência mais conhecida foi realizada em 1969 em Nova York por Milgram, Bickman & Berkowitz. Esses pesquisadores mostraram

que um grupo de quatro ou mais pessoas em pé na calçada olhando para o céu fará com que 80% dos transeuntes parem para realizar a mesma ação. Porém, várias outras pesquisas bem mais recentes e marcantes estão sendo realizadas. Se tiver curiosidade pode assistir no final do capítulo algumas delas[1].

Descobri sobre o argumento da Prova Social há pouco tempo, mas sempre observei o que eu chamava de o fenômeno do barzinho. Quando as pessoas olham qual o barzinho está mais cheio e pensam que ali deve ser servida melhor comida, afinal, está cheio.

Mas o que Prova Social tem haver com os riscos no MMN? Escolher a empresa da onda. Ou seja, a empresa que está bombando no momento, nem sempre está crescendo vertiginosamente por causa das suas características, mas simplesmente porque conseguiu gerar um grande número de cadastros inicial e faz com que mais e mais pessoas se cadastrem mesmo sem analisar os pontos mais básicos a serem analisados de uma empresa de MMN. Geralmente isso acontece quando há a migração de uma liderança, com uma grande rede, para a nova empresa.

Então, o risco de escolher a novidade só porque todo mundo está escolhendo, às vezes é fatal. O empreendedor pode estar se associando a uma parceira sem estrutura, que tem um plano de compensação que não é justo, com um produto que não é o ideal para ele e sem verificar sequer quem é sua liderança. Depois de alguns meses, o empreendedor se decepciona, desiste e sai falando mal do MMN, ou parte para a próxima onda.

Às vezes é nessa situação que aparecem os haters que é um termo usado na internet para classificar pessoas que postam comentários de ódio ou crítica sem muito critério. Infelizmente, existem muitos vídeos sem fundamento com mensagens de ódio sobre empresas de MMN. Se for feita uma pesquisa sobre como e por quanto tempo a pessoa se envolveu com o negócio chegamos a conclusão clara que trata-se de argumentos sem fundamento. Porém, para quem é ainda novato ou está pesquisando sobre o MMN o hater causa uma enorme influência.

Para aqueles que resolvem partir para a próxima, depois de dois ou três anos, a empresa da onda deixa de ser novidade, novas empresas entram no mercado e começa tudo de novo.

Conheço pessoas que já estão na quarta ou quinta empresa da onda, simplesmente porque seguem seus líderes de cá pra lá, sem eles mesmos analisarem onde estão se metendo.

Não me entenda mal. Seguir a liderança é um dos pilares mais básicos do MMN. Porém, cada um deve analisar inteligentemente as características da empresa que vai se associar. O papel da liderança é apontar o caminho e não persuadir seus descendentes conforme seus próprios interesses pessoais. Aqui entra o segundo ponto da minha lista.

Não escolher bem seu patrocinador e sua linha ascendente

O Mentoring, que consiste na escolha de uma pessoa para ajudar no desenvolvimento pessoal e profissional, está em destaque atualmente. Mas, no MMN, praticamos esse processo desde sempre. Para tornar-se uma grande liderança de MMN é necessário ser um bom mentor. Para mim, a característica que mais define um mentor é que ensina principalmente pelo exemplo. Fala de conquistas que ele mesmo já realizou e de princípios e atitudes que vivencia.

Porém, quando o empreendedor não se preocupa em verificar o passado profissional do seu patrocinador e da sua liderança. Ou seja, não faz uma pesquisa básica para saber quem são, se são pessoas confiáveis, se já atuaram em outras empresas e como se relacionam com seus descendentes, corre um sério risco de se associar com pessoas que não tem a capacidade para o processo de mentoria, ou, pior ainda, cair nas mãos de líderes de uma ética questionável.

Richard Poe, afirma que entre seus entrevistados encontrou pessoas com coragem para se comparar com qualquer herói de guerra, inteligência mais penetrante que qualquer executivo das 100 da Fortune e corações que transbordam de compaixão, entusiasmo e generosidade. "São algumas das melhores pessoas que conheço, dignos herdeiros dos Fords, Carnegies e Woolworths, cujas histórias tanto inspiraram Napoleon Hill", explica o jornalista.

Will Marks, escreveu que a maioria das pessoas, ele inclusive, está disposta a renunciar a alguns benefícios para trabalhar com uma pessoa que gosta e confia. Por isso, ele alerta que a honestidade é um cartão de visita a longo prazo.

Porém, existe o perigo de ter que lidar com a falta de ética. Pior ainda, existem várias maneiras de faltar com a ética no MMN.

Leonard Clements, em seu livro 'Conheça os segredos do Network Marketing', descreve o que chama de 'piratas de downlines'. O autor apresenta essa prática como o aliciamento de empreendedores ativos de outras empresas ou outras linhas e diz que quem pratica esse tipo de pirataria é inescrupuloso, o flagelo do MMN. Ele acrescenta que os 'piratas de downlines' são preguiçosos, porque não querem ter trabalho de trazer pessoas novas e ter que convencê-las que o MMN funciona. São covardes, porque não querem passar pelo processo normal de rejeição que se enfrenta ao falar do MMN. São hipócritas, porque vão pregar sobre lealdade e comprometimento para as mesmas pessoas que aceitaram a proposta de sair de outra empresa ou linha para a dele. E por fim, acrescenta que esses piratas são péssimos mentores, pois ensinam pelo mal exemplo e estão destinados a fracassar, porque as organizações bem sucedidas têm raízes que são construídas com princípios, baseadas em semeadura, bons tratos e crescimento pessoal.

Hoje, quando escrevo estas linhas, sinto uma tremenda indignação por ter sido vítima de um desses 'piratas' recentemente. Algumas pessoas descendentes da minha rede do Nordeste, foram aliciadas para entrar em outra linha, porque lhes ofereceram um suposto esquema de crescimento rápido. Então, o que Clements descreve no seu livro é real e de fato acontece.

Outra forma de falta de ética, muito comum, no Brasil, atualmente, é o que eu chamo de 'os surfistas'. São aqueles líderes que baseados em propostas e interesse próprio, migram suas redes para empresas da onda mesmo sabendo que não é o melhor para seus descendentes.

Eles só estão interessados em trabalhar a novidade e cadastrar o maior número de pessoas possível, na fase inicial da empresa, para criar um Momentum instantâneo, ganhar dinheiro no processo e partir para a próxima.

E por fim, existem também os falaciosos, que vivem espalhando as mentiras do MMN, que aliás, são muitas, tanto, que o capítulo seguinte dediquei a elas.

Além de passar dados exagerados sobre o negócio, fazem questão de exibir luxos que vão muito além do que realmente ganham. Fingem um status que não possuem. Fazem questão de mostrar bens, marcas caras, jóias e outras coisas que se endividaram para comprar.

É verdade que grandes lideranças ganham muito dinheiro e podem, sim, ter tudo isso. Mas nem todos podem. Conheço alguns que vivem endividados para trabalhar um marketing de aparências.

Porém, não tenho dúvida que Richard Poe e Will Marks estão corretos. Para permanecer no MMN e fazer carreira é fundamental conquistar a confiança das pessoas. Isso só é possível com profissionalismo e ética. Portanto, os mentirosos não são a maioria no MMN, minha convivência, de mais de 25 anos, nesse mercado, me mostrou que o negócio atrai, na maioria, pessoas de excelente caráter, cheias de garra e amor pelo próximo.

Contudo, em que ramo de negócios estamos livres de pessoas corruptas e sem ética? O MMN não é perfeito, mas sem dúvida é o melhor para conhecer pessoas e fazer amigos mais chegados que irmãos.

Não escolher bem o produto

Um produto de uso necessário, regular, com excelente qualidade e exclusivo, faz toda a diferença. Se você tem um produto em seu negócio que a rede usa por um período de 30 dias e acaba, significa que no mês seguinte o mesmo volume de vendas está garantido. Se o produto dura mais tempo, ou não existe a necessidade de recompra, o empreendedor tem que fazer novos cadastros e clientes para manter o volume de vendas.

Se o produto é de excelente qualidade, a rede e os clientes continuam comprando. Se o produto, além de ter qualidade, é exclusivo, a rede e os clientes são fidelizados. Mesmo que parem a atividade de MMN, seus descendentes podem continuar comprando, se realmente precisarem do produto.

Então, existe um grande risco em não observar o potencial de vendas do produto. Esse é um dos motivos porque muitos empreendedores acabam com estoques inteiros debaixo da cama. Produtos sem qualidade ou diferencial, que tem similares em qualquer esquina, não funcionam bem no MMN.

Portanto, é fundamental escolher bem o produto com que se vai trabalhar. O empreendedor tem que ter afinidade, confiança e tem que ser o primeiro a querer usar o produto.

Não escolher bem o plano de compensação

O plano de compensação é a forma matemática usada para pagar os bônus do empreendedor. Existem detalhes importantes a serem analisados porque fazem toda a diferença no bolso. Não vou entrar a fundo nesse tópico. Minha ideia aqui é deixar claro que é fundamental pesquisar e procurar entender quais as diferenças e como funcionam os tipos de planos disponíveis no mercado.

Porém, vou dar uma ideia geral, de acordo com a minha opinião, sobre os itens mais básicos a serem verificados.

A primeira coisa que observo em um plano de compensação é se ele limita o número de pessoas que eu posso colocar ligadas diretamente a mim. Se impõe esse tipo de limite favorece que apenas as pessoas que chegaram primeiro ganhem mais. Para mim, isso vai totalmente contra o fundamento do MMN. Normalmente esse tipo de plano tem vários outros tipos de bônus adjacentes à esse principal, na tentativa de iludir o empreendedor. Mas a verdade é que nenhum bônus compensa o fato de que você só vai ganhar sobre o volume de um número limitado de redes.

Além disso, esse tipo de plano força o derramamento, ou seja, se eu colocar mais pessoas além do número permitido diretamente a mim elas entram em níveis abaixo. Então, muitas pessoas acreditam que seus ascendentes vão trabalhar para elas colocando novas pessoas abaixo o tempo todo. Isso pode ser prejudicial ao crescimento, porque atrai pessoas preguiçosas.

Pior ainda é um plano que limita o ganho por nível alcançado. Se o volume da rede cresce é justo que meu bônus cresça também, mesmo que eu não tenha atingido outro nível no plano. Por que o limite?

Outro item interessante a observar é a atividade mensal, que se refere ao volume que você tem que fazer pessoalmente todos os meses para ganhar sobre o volume da sua equipe. Quando a atividade é muito baixa significa que você tem que ter muitas pessoas na equipe para ganhar bem. Se a atividade é muito alta fica complicado, porque as pessoas da sua equipe terão que ser super vendedores para fazer esse volume. Então, a melhor opção é uma atividade que se faça com um nível de esforço moderado usando, vendendo o produto e cadastrando novas pessoas.

Procure saber também sobre as penalidades para quem não atingir as metas e níveis do plano. Entendo que ninguém deve perder a sua rede ou seus ganhos por penalidades exageradas. O principal do plano é que tem que ser justo.

[2]Para assistir um vídeo que analisa os principais tipos de plano, use o QR Code acima.

Planos de Compensação - A história SECRETA - Cleberley Fernandes - Tania Diniz

Disponível em: https://youtu.be/o513c8jmJf0

Muito cuidado, há milhares de maneiras de se fazer para um plano parecer vantajoso no discurso, mas a realidade é a matemática. Então, o que vale no final são os percentuais que são pagos ao empreendedor. Preste atenção e analise qual o melhor para você[2].

ACHAR QUE NADA MAIS PODE DAR ERRADO

Sempre faço treinamentos para educação financeira dos meus líderes descendentes. Porque não aprendemos a administrar dinheiro na escola. Eu aprendi sofrendo, perdendo e depois tive a oportunidade de ter em minhas mãos o livro "Pai Rico Pai Pobre" de Robert Kiyosaki, que me abriu os olhos e me ensinou o básico. Depois continuei estudando e aprendendo. Isso fez toda a diferença na minha vida.

A tendência da maioria que começa a ganhar muito dinheiro no MMN é gastar tudo que ganha. Sem falar daqueles que já mencionei antes, que gastam além do que ganham para 'mostrar' resultados no negócio. Portanto é necessário orientar-se em relação a investimentos e controle de gastos. Entendo que trabalhamos justamente para ter do melhor. Porém, é fundamental criar patrimônio e assegurar um 'plano B' para seu dinheiro antes de começar a 'luxar'. Na minha opinião, independente do ramo de negócio a educação financeira pode determinar seu futuro. No MMN essa necessidade é intensificada à medida que a Rede é um organismo vivo, que pode, de repente, desestabilizar seus ganhos.

No capítulo seguinte, vou falar sobre o fenômeno das pirâmides que ocorreu no Brasil e pegou empresas e líderes totalmente desprevenidos. Mas existem outros exemplos de fatores que não podem ser previstos por mais experiente que seja uma liderança. Mudança cambial, greves prolongadas, mudança nas políticas governamentais que interferem na liberação do produto ou na distribuição dele, são apenas alguns tipos de acidentes de percurso que podem acontecer.

CAPÍTULO QUATRO

as
FALÁCIAS

NA INTRODUÇÃO DO LIVRO 'Como Ficar Rico com *Network Marketing*', John Bremner, escreveu que mais de 100 mil dos 500 mil milionários dos Estados Unidos fizeram suas fortunas graças ao MMN e que essa atividade, em 1995, movimentava 20% do PIB (Produto Interno Bruto) americano. Além disso, também disse que o *Network Marketing* estava sendo lecionado em Harvard. Todas essas afirmações eram carentes de fontes e impossíveis de serem provadas, simplesmente porque não eram verdadeiras. Porém, foram aceitas e difundidas como verdades incontestáveis no meio do MMN, não só no Brasil, mas no mundo.

Ainda hoje, Harvard não tem um curso de *Network Marketing*. Embora, a *Harvard Business School* tenha publicado muitos estudos de caso de empresas, incluindo empresas de MMN. Outras instituições de ensino, no entanto, já estão de olho no interesse das pessoas por essa carreira. A Bethany College, por exemplo, já oferece a graduação de MMN. Na apresentação do curso, em seu site, a universidade afirma que é a primeira instituição a oferecer currículo sobre marketing de rede e que a missão da Bethany é "promover a integridade, a confiança e a transparência no Marketing de Rede, um modelo de negócios que está sub-representado na educação". Ela também afirma que o currículo de Marketing de Rede suporta os valores fundamentais da Bethany, incluindo líderes servidores e a sustentabilidade. "Porque os modelos de negócios de Marketing de Rede reduzem o uso de embalagens e incentivam o uso prudente de recursos", conclui.

No Brasil, já é possível fazer uma graduação de MMN, por Ensino à Distância (EaD), na FAEL – Faculdade Educacional da Lapa. Os alunos inscritos em Marketing de Rede são matriculados e recebem o diploma de acordo com o nome do Catálogo Nacional dos Cursos Superiores de Tecnologia. Sendo então reconhecidos, pelo Ministério da Educação, ao fim da graduação como Tecnólogos em Gestão Comercial, com Complementação de Estudos em Marketing de Rede.

A economia dos Estados Unidos é a maior economia do mundo, com um PIB estimado em mais de US$19 trilhões em 2017. De acordo com a Folha de São Paulo (*), em 1995, já alcançava o valor de US$ 7,113 trilhões. Então, para o MMN ser responsável por 20% desse valor teria que movimentar em torno de US$ 1,4 trilhões. Acontece que segundo o portal da WFDSA - *World Federation of Direct Selling Associations,* Associação Internacional das Empresas de Vendas Diretas, a qual as empresas de MMN são associadas, esse segmento atingiu US$ 183 bilhões de dólares de negócios no mundo em 2016. Embora seja um montante de fazer inveja a muitos outros modelos de negócios, mostra claramente que os valores colocados por John Bremner não têm nenhum fundamento.

Bem que dizem que 'mentira tem perna curta', em 1996, Will Marks, no 'Guia Definitivo do MLM', publicou os comentários de John Milton Fogg sobre cada um daqueles fatos falsos. Fogg fala inclusive sobre a falsa alegação sobre os números de milionários americanos no MMN. "Segundo a maioria das pesquisas, 90% dos milionários dos Estados Unidos fizeram suas fortunas por meio de bens imóveis. Noventa por cento mais 20% é igual a 110% e esse tipo de matemática ganharia um F em qualquer faculdade", brincou o autor.

Provavelmente inverdades como essas foram aceitas com tanta facilidade, por falta de informação e excesso de entusiasmo dos iniciantes no MMN. No início dos anos noventa a internet não tinha ainda tanta popularidade, estava apenas 'nascendo'. Porém, hoje, todos esses dados estão disponíveis online e não justifica mais profissionais de MMN duplicarem falsas informações.

Eu e Celso, meu esposo, iniciamos nossa carreira no MMN em 1993 e confesso que fui uma que propagou essas inverdades, mas em minha defesa tenho a dizer que o entusiasmo de ter a primeira publicação de MMN na mão, em uma época que pouco se questionava as informações contidas em um livro, me fez ver todas aquelas 'novidades' como verdades incontestáveis e um discurso de alavancagem precioso para o negócio. Em nenhum momento, sequer se passou pela minha mente, pesquisar as informações. Nenhuma dúvida pairava sobre nós naquele tempo. Até porque o conteúdo do livro, como manual, é simplesmente fantástico. Uma ferramenta de treinamento eficaz. Cheio de dicas, conselhos e exemplos úteis, até hoje, para o desenvolvimento do negócio.

Infelizmente, muitas pessoas ainda passam falsas informações na hora de divulgar sua empresa ou oportunidade de MMN. Essas inverdades são tão continuamente repetidas que se tornaram lendas do Multinível. Elas são consequência de um hábito dos mal treinados, que ficam muito pouco tempo nessa atividade, ou mal intencionados, que vivem pulando de um golpe para o outro. A consequência é que servem de motivo para que muitas pessoas com um minimo de inteligencia e bom senso vejam com desconfiança e desmérito o negócio do MMN.

NEGÓCIO FÁCIL DE ENRIQUECIMENTO RÁPIDO

A mais conhecida e divulgada falácia do MMN é que se trata de um negócio que não tem dificuldades e funciona praticamente sem esforço. Ao contrário disso, no livro 'O Negócio do Século XXI', Robert Kiyosaki escreve um capítulo inteiro sobre o que é preciso para empreender no MMN. Ele afirma que não é necessário largar o emprego ou fazer um grande investimento em dinheiro, nem mesmo ser um grande vendedor, mas precisa-se estar disposto a ir além da zona de conforto, investir tempo, ter persistência e foco. Se exige persistência, não é fácil. Se exige tempo, também não é um negócio de enriquecimento rápido. John Bremner, nesse caso, não deixa dúvida. "Network marketing é um negócio a longo prazo, e não um esquema para ficar rico depressa", afirma, como advertência ao iniciante.

Eric Worre, escreveu que em um negócio tradicional as pessoas esperam receber o investimento inicial em cinco anos, mas no MMN elas querem recuperar no primeiro mês. "Temos, sim, um caminho melhor, mas não vendemos feijões mágicos. Qualquer coisa de valor leva tempo para se desenvolver", explica.

> Minha experiência no MMN não é de crescimento rápido ou fácil. São mais de 25 anos de dedicação e trabalho. Conheço pessoas que com dois anos de negócio já fizeram muito dinheiro, mas tão rápido como fizeram, perderam. São profissionais do tipo que não tem experiência para administrar o que ganham e gastam sem se preocupar em investir. Quando enfrentam alguma baixa no negócio, logo vem o desespero e tomam atitudes baseadas no medo de perder tudo. Frequentemente é exatamente isso que acontece: perdem tudo,

ou ficam 'à deriva' no mercado de MMN, pulando de onda em onda para sobreviver.

Com mais de 10 anos de atividade comecei a ter resultados realmente sólidos e fiz meu primeiro milhão. Pode até parecer muito tempo para se ter sucesso, porém, em comparação, eu tinha 12 anos de carreira quando larguei meu emprego e não havia construído nada. Então, concordo com Worre, aqui é melhor, mas não fazemos mágica. O que disserem diferente disso não é verdade.

NÃO É PRECISO VENDER

Kiyosaki chama atenção sobre um equívoco constante que é achar que precisa-se ser um "vendedor nato" para ser bem sucedido em MMN. Ele afirma que o Multinível não é essencialmente um negócio de vendas, mas de formação de equipe e liderança. Porém, ele ensina que para escolher a empresa certa é necessário saber se ela tem uma linha de produtos de alta qualidade e altamente comercializáveis pelos quais você pode se apaixonar. Richard Poe, em seu livro "Tudo sobre Network Marketing", diz a mesma coisa, de forma ainda mais enfática. "Antes de se comprometer com uma empresa, pergunte a si mesmo: posso vender esse produto?", aconselha o jornalista, baseado no depoimento de centenas de empreendedores bem sucedidos no MMN. No "best seller" das finanças, "Pai Rico Pai Pobre", outro livro de Kiyosaki, ele indica o Multinível para pessoas que querem adquirir habilidades de vendas.

Concordo que nosso negócio não é vendas. Porém, é preciso vender. A maior parte das pessoas entram no MMN buscando uma melhor condição financeira e a forma mais simples de se ganhar dinheiro imediatamente é vendendo. Claro que alguns têm uma enorme network e influência sobre ela. Ou seja, conhecem muitas pessoas e tem credibilidade suficiente para trazê-las para o negócio. Sendo assim, logo nos primeiros meses podem ter excelentes rendimentos só com bônus sobre o grupo, aí não precisam vender para começar a ganhar dinheiro no negócio.

Porém, a maioria não tem esse privilégio de ser tão influente. Então, a venda mantém os ganhos até que pouco a pouco a pessoa seja treinada para obter resultados profissionais no negócio.

Outro ponto importante é que no caso do MMN a venda não é um fim e sim um meio para se atingir um ponto. Na maioria dos casos o ponto é um novo estilo de vida proporcionado pelo MMN. Justamente aqui está a diferença do MMN para as vendas diretas. Pessoas que trabalham apenas vendas são autônomas e dependem unicamente de seu esforço para ter lucro, o que significa que elas não constroem renda residual, ou seja, se param de vender, param de ganhar. No MMN a venda serve de degrau para a liberdade financeira porque é paralela à construção das redes. À medida que as redes crescem a necessidade de vender diminui.

Em 2012 e 2013 as pirâmides financeiras se expandiram no Brasil de forma alarmante. As empresas idôneas de MMN foram abaladas em suas bases. Muitos saíram de onde estavam e foram para as pirâmides disfarçadas de MMN por causa da promessa de negócio fácil, só investimento e sem vendas.

Recebi muitas ofertas nessa época. A de maior valor foi para ganhar 250 mil reais por semana em um contrato que já estava me aguardando. Promessas assim são realmente tentadoras para muitos. Nesse período, milhares de pessoas venderam seus negócios, casas, carros, para investir nas pirâmides. Finalmente, a justiça brasileira e a Polícia Federal tomaram as providências necessárias para acabar com a "festa dos faraós", mas o estrago já estava feito e um rastro de desconfiança foi deixado no nosso mercado. Profissionais que se mantiveram fiéis às suas empresas enfrentam até hoje as consequências dessa época. Grande parte de suas networks desapareceu, seus bônus diminuíram e seu poder de influência também. Não posso falar por outros, mas no nosso caso, meu e da minha equipe de líderes que permaneceu, sobrevivemos graças a força de venda do produto.

As pessoas que eram apaixonadas pelo produto e que já tinham uma renda assegurada por causa da venda não se arriscaram a seguir o "canto de sereia" das pirâmides. A partir do trabalho com essas pessoas, a liderança ganhou fôlego para reconstruir as redes. Então, com essa experiência, observei que uma empresa confiável é aquela que tem estrutura para continuar suas operações mesmo sofrendo grandes baixas de volume de negócios e que tenha produtos que facilitem a venda.

Aliás, produto bom é aquele que você não precisa fazer força para vender, porque as pessoas querem comprar. Rod Nichols escreveu no artigo 'Deciding if Network Marketing is Right for You', para a revista americana de negócios, Entrepreneur, que as pessoas não estão à procura de produtos, serviços, ou mesmo de oportunidades de negócios, elas estão procurando soluções para os problemas da vida. Concordo com ele. Acredito que o profissional de MMN, o networker, tem que ter uma linha de produtos que resolva os problemas das pessoas, assim, vender é compartilhar benefícios. Portanto, eu não estou em um negócio de vendas; em vez disso, estou em um negócio de resolução de problemas e de construção de sonhos.

As pessoas podem ganhar dinheiro apenas investindo

O MMN não é um negócio para investidores e sim para empreendedores. Donald Trump, no livro "Nós queremos que você seja rico", escreveu que o MMN exige espírito empreendedor, e que isso significa foco e perseverança. Negócios que oferecem nenhum trabalho, certamente são ilegais. Devem se tratar de esquemas do tipo Pirâmide 'disfarçados' de MMN. No MMN existe um produto a ser vendido e uma equipe a ser construída, treinada e liderada.

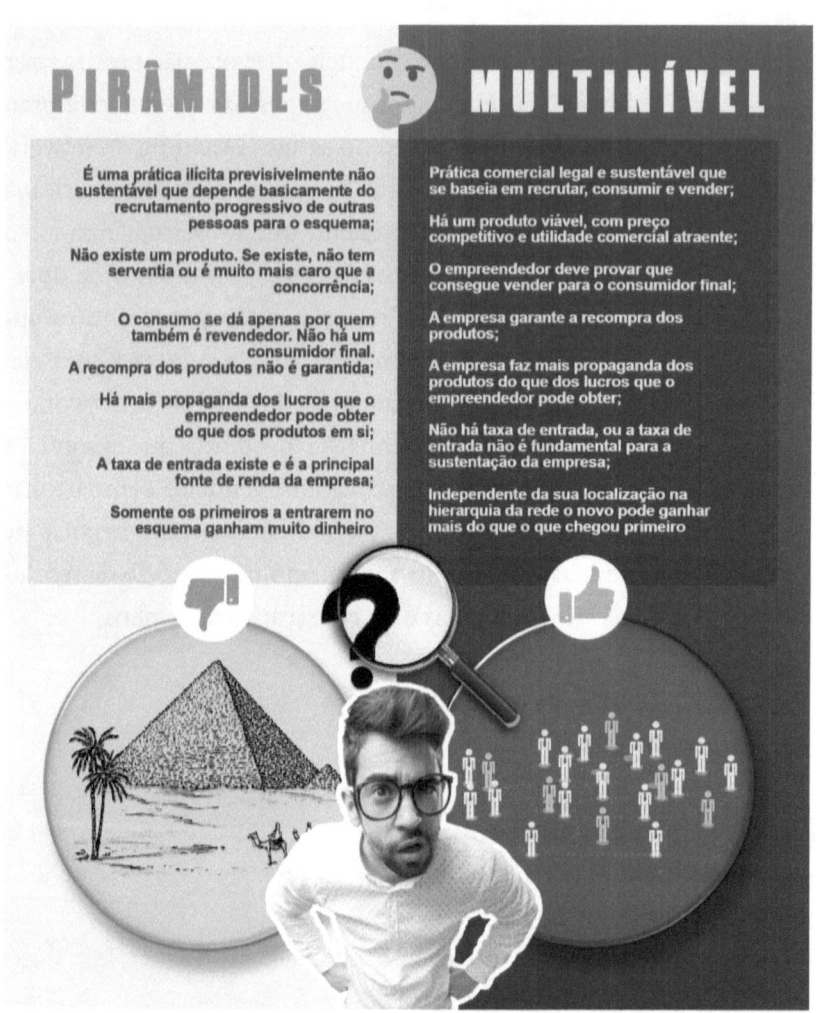

PIRÂMIDES 🤨 MULTINÍVEL

PIRÂMIDES	MULTINÍVEL
É uma prática ilícita previsivelmente não sustentável que depende basicamente do recrutamento progressivo de outras pessoas para o esquema;	Prática comercial legal e sustentável que se baseia em recrutar, consumir e vender;
Não existe um produto. Se existe, não tem serventia ou é muito mais caro que a concorrência;	Há um produto viável, com preço competitivo e utilidade comercial atraente;
O consumo se dá apenas por quem também é revendedor. Não há um consumidor final. A recompra dos produtos não é garantida;	O empreendedor deve provar que consegue vender para o consumidor final;
Há mais propaganda dos lucros que o empreendedor pode obter do que dos produtos em si;	A empresa garante a recompra dos produtos;
A taxa de entrada existe e é a principal fonte de renda da empresa;	A empresa faz mais propaganda dos produtos do que dos lucros que o empreendedor pode obter;
Somente os primeiros a entrarem no esquema ganham muito dinheiro	Não há taxa de entrada, ou a taxa de entrada não é fundamental para a sustentação da empresa;
	Independente da sua localização na hierarquia da rede o novo pode ganhar mais do que o que chegou primeiro

Só ganha dinheiro quem chega primeiro

Richard Poe, afirma que o novo empreendedor deve decidir entre a novidade e a estabilidade. Também diz que pular de uma empresa para outra é coisa do passado. "Eles pulavam de empresa em empresa, procurando embarcar na onda dos mais recentes e aparentemente vantajosos empreendimentos. Tinham receio de que se permanecessem na mesma empresa por muito tempo o mercado ficaria saturado", explica. Ele diz ainda que, hoje, as empresas mais sólidas são aquelas que asseguram crescimento e estabilidade a longo prazo e que uma empresa não precisa ser nova para ser inovadora. O jornalista finaliza recomendando que se escolha uma empresa por sua estrutura e não pela sua novidade.

Segundo pesquisa do IBGE, de cada dez empresas brasileiras que abrem, seis fecham nos primeiros cinco anos. As empresas de MMN não fogem a essa regra. Então, ser "pioneiro" implica em uma alta taxa de risco.

A ideia de ganhar dinheiro só se chegar primeiro está ligada mais a comparação equivocada do MMN com o sistema de Pirâmides. Porque nelas os primeiros 'investidores' ganham mais por estarem no topo. No MMN quando o plano de compensação da empresa não tem limitação de pessoas que se pode trazer para o negócio e tem produtos exclusivos, de uso contínuo, com qualidade e preço justo para facilitar as vendas, nada impede que quem chegou depois recrute mais e venda mais que outros que chegaram antes. Isso quer dizer que cada um ganha de acordo com seu esforço pessoal e não apenas por sua posição hierárquica.

Eu e Celso assinamos contrato com nossa empresa atual, nove anos depois dela se estabelecer no país. Iniciamos em nossa primeira empresa no ano de 1993. Era a multinacional que tornou visível o conceito de MMN para o Brasil. O que não sabíamos é que já entramos no período em que ela começava a se desmontar por uma série de problemas entre as lideranças das redes e a administração da empresa. Logo depois, em 1994, surgia a primeira empresa nacional de MMN, na época a novidade era impactante e rapidamente migramos para lá junto com as pessoas que nos trouxeram para o MMN. Eu e Celso éramos, ambos, militares da Força Aérea Brasileira e fazíamos negócio em paralelo aos nossos empregos, nas horas extras.

No mesmo ano, 1994, Celso foi transferido para a Base Aérea de Anápolis, consequentemente eu também. Lá, começamos a desenvolver o negócio com nossos novos amigos. Celso resolveu dar baixa e se dedicar apenas ao negócio. Ele não cabia mais dentro de um horário fixo de uma repartição pública. O sonho de liberdade já estava no seu coração e mente. Depois de quase um ano de trabalho duro, contatos, apresentações de oportunidade, viagens e treinamentos, chegamos a um nível para começar a ganhar um bom dinheiro. Nesse mesmo mês a empresa não enviou o cheque e soubemos que faliu. Logo em seguida, fomos chamados para ser pioneiros no pré-lançamento de mais uma nacional. Abraçamos como uma oportunidade única.

Um ano e meio depois foi a minha vez de pedir baixa. Já estava ganhando três vezes mais que o meu salário na nova empresa, então pareceu uma decisão muito fácil a tomar. Só que menos de seis meses depois houve um grande desentendimento entre os sócios proprietários dessa empresa, descobrimos que os impostos e funcionários não estavam sendo pagos e repentinamente ela fechou. Faliu. Naquele momento, final de 1996, reunimos os líderes de nossa equipe, a maioria deles também já havia deixado o emprego, analisamos as empresas que estavam no mercado e escolhemos uma multinacional que havia chegado recentemente ao Brasil. Outra 'novidade'.

Naquela época já começou a passar pela nossa cabeça montar nossa própria empresa de MMN. Porém, envolvia muito planejamento e continuamos o trabalho na multinacional, mas não por muito tempo.

Naquele ano houve uma mudança na política cambial, mantendo o Real valorizado diante ao Dólar e por causa disso a empresa simplesmente nos escreveu uma carta dizendo que não tinha mais interesse no mercado brasileiro e foi embora, saiu do Brasil. Achamos que era chegada a hora de colocar em prática os planos de montar nossa empresa. A ideia era fazer uma Sociedade Anônima onde todos os líderes, que ainda restavam conosco, fossem donos do negócio. Infelizmente discordamos em algumas questões e o grupo se dividiu. Dessa divisão nasceram duas empresas nacionais. Eu e Celso na diretoria de uma delas.

Hoje vemos claramente que foi a pior decisão profissional que já tomamos na vida. Viemos ao MMN para ser livres e não cumprir horários e rotinas. Entre outras coisas descobrimos que pior que ter chefe é ser chefe e tentar manter funcionários motivados. Ficamos presos atrás de uma mesa, sem capital necessário para investir em viagens, premiações e ferramentas para as redes.

Nossos amigos foram aos poucos voltando para o mercado tradicional e ficamos seis anos insistindo na ideia que de alguma forma a empresa iria crescer. Até que finalmente entendemos que para se ter uma empresa de MMN precisa ter milhões em caixa e aptidão administrativa; fechamos.

Quando eu já duvidava se permaneceria no MMN, em 2003, conhecemos uma nova empresa nacional que entrava no mercado com um diferencial das anteriores, porque pertencia a um grupo empresarial muito forte, donos de negócios milionários. Baseados nisso, começamos de novo.

Dois anos de trabalho duro, mas estávamos felizes como nunca, pois ultrapassamos a barreira dos dois anos, sem falir. Porém, repentinamente a empresa mudou o preço e a forma de cadastro e estranhamos, tal qual o gato escaldado que tem medo de água fria, já começamos a investigar junto à diretoria da empresa o que poderia estar acontecendo. Até que descobrimos que ela foi vendida ao seu diretor administrativo. Uma pessoa que nem sabíamos qual era a história, mas vimos de cara que não tinha nenhuma condição de suprir as necessidades para o crescimento das redes.

Felizmente, nessa mesma época conhecemos uma multinacional que estava no Brasil há quase 10 anos, mas, depois de conhecê-la, percebemos que era uma oportunidade real de fazermos carreira. Isso foi em 2005. Já estamos há mais de uma década trabalhando com a mesma empresa e curtindo o estilo de vida dos nossos sonhos.

Enfim, depois de ser pioneira em várias empresas e falir com elas, finalmente, encontrei a minha empresa ideal, justamente quando aprendi a escolher a estabilidade. Não precisei chegar primeiro para ganhar mais que outros que chegaram antes. Só precisei trabalhar mais.

Com toda essa experiência, pude perceber que, desde que a empresa seja sólida e tenha um plano de marketing atrativo, o momentum ou boom, fase que ela mais cresce, pode ser causada a qualquer hora que uma grande liderança resolve se movimentar para ela e trabalhar de forma profissional. Se a empresa for realmente forte, pode, inclusive, permanecer no mercado tempo suficiente para ter mais de uma fase de explosão, vários boom.

Por tudo isso, é importante escolher a liderança com quem se vai fazer negócio com cuidado. Para não embarcar numa canoa furada. É prudente observar se as pessoas que apresentam a oportunidade insistem nas lendas falaciosas do MMN.

58

CAPÍTULO CINCO

o avanço da
TECNOLOGIA

TEMOS VAGAS

O FÓRUM ECONÔMICO MUNDIAL, publicou em 2016, o estudo 'O Futuro do Trabalho', no qual afirma que a economia mundial será impactada pela 'Quarta Revolução Industrial'. A computação em nuvem, Internet das Coisas, Big Data, robótica, inteligência artificial, impressão em 3D e a biotecnologia, são alguns dos fatores, que fazem, dessa, uma revolução muito mais rápida, abrangente e impactante que as anteriores.

De acordo com o Fórum, até 2020, essas tecnologias vão eliminar 5,1 milhões de vagas em 15 países e regiões que respondem por dois terços da força mundial de trabalho, incluindo o Brasil.

A Kodak empregava, no seu auge, 140 mil funcionários, mas em 2012, entrou em falência; já o Instagram, quando foi vendido ao facebook por 1 bilhão de dólares, tinha apenas 13 funcionários. O whatsapp tem mais de 120 milhões de usuários no Brasil e nenhum escritório ou funcionário no país.

As inovações tecnológicas nunca antes aconteceram tão rapidamente. De acordo com o relatório *The New Work Order,* divulgado pela *Foundation for Young Australian* (FYA, 2017), 60% dos jovens que estão nas universidades hoje, aprendem profissões que não existirão nos próximos 10 anos. A mesma pesquisa recomenda que se dê mais ênfase ao empreendedorismo.

O empresário e estudioso de Cultura Digital, Gil Giardelli, em sua apresentação durante o Primeiro Encontro Nacional de Vendas Diretas, promovido pela ABEVD, em abril de 2018, afirmou que enfrentaremos um *desemprego tecnológico* nunca antes visto, mas também um processo de desintermediação e de personalização, onde o cliente está no centro de tudo.

Em seu discurso, Giardelli lembra que empresas estão criando produtos baseados no DNA, como uma cervejaria britânica que utiliza o código genético para mapear as preferências de sabor e criar a cerveja biologicamente ideal para o cliente. Ele também dá o exemplo de uma multinacional de alimentos que criou um dispositivo com inteligência artificial equipado com conhecimentos de nutrição e de saúde que pode responder às perguntas sobre receita personalizada, nutrição e ainda toca música, na residência dos usuários.

O estudioso afirma ainda que a venda direta está totalmente inserida nessa tendência, porque trabalha com o lado humano e a empatia. Além disso, executa o paradigma da abundância com a formação em rede.

Saldo de contratações e demissões em milhares de vagas

(De acordo com o Fórum Econômico Mundial, até 2020, essas tecnologias vão eliminar 5,1 milhões de vagas em 15 países e regiões que respondem por dois terços da força mundial de trabalho, incluindo o Brasil).

Setores que vão contratar

Operações financeiras	492
Gestão	416
Computação e matemática	405
Arquitetura e engenharia	339
Vendas	303
Educação e treinamento	66

2.021 CONTRATAÇÕES

Setores que vão demitir

Cargos de escritório	-4.759
Indústria de transformação	-1.609
Construção e indústria extrativa	-497
Artes, design, entretenimento, esportes e mídia	-151
Profissionais da área jurídica	-109
Instalação e manutenção	-40

-7.165 DEMISSÕES

SALDO: -5.144

fonte: Fórum

PARA ONDE OS DESEMPREGADOS POR CAUSA DA TECNOLOGIA VÃO?

O fato é que à medida que a tecnologia avança em alta velocidade, as vagas de emprego se retraem. Porém, no MMN, TEMOS VAGAS! Sabemos que o empreendedorismo é uma das soluções para o desemprego, mas começar um negócio próprio sozinho, sem muito capital e com pouca ou nenhuma experiência, só mesmo no MMN.

Isso significa que o MMN é muito mais inclusivo do que outros modelos de negócio. Então, acredito que, nos próximos anos, os números do MMN crescerão exponencialmente.

De mais a mais, nessa atividade, as inovações tecnológicas só aumentam as oportunidades. Por exemplo, quando se tem como parceira uma multinacional, através da rede mundial de computadores pode-se acessar pessoas do mundo inteiro para formação de uma rede.

Lideranças antenadas treinam seus descendentes para atuar nas redes sociais, usar aplicativos móveis e trabalhar com e-commerce, ferramentas que facilitam o contato com novos empreendedores e clientes. Até porque, segundo o Facebook, já são 130 milhões de brasileiros conectados às redes sociais e estão, em média, nove horas, por dia, online.

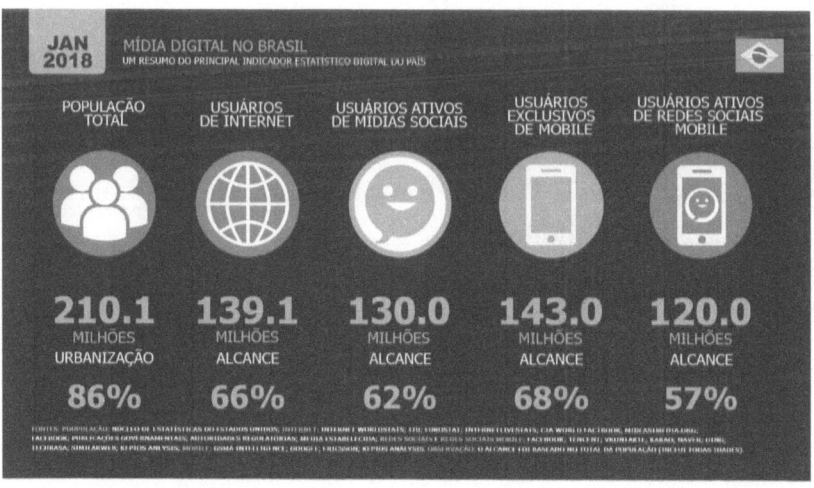

Lembro que quando comecei no MMN tinha que carregar um quadro branco enorme, com um tripé, canetas e apagador. Levava horas para desenhar todo o plano de negócios para as pessoas. Quando eu pegava um ônibus lotado para ir a uma apresentação, era um sufoco, porque o quadro ia batendo em todo mundo. Eu tinha que andar pedindo desculpas. Sem falar que não era nada leve.

Todo o material de apoio era impresso. Os treinamentos sempre presenciais. Como morava no Rio de Janeiro, eu precisava me deslocar grandes distâncias para ir aos treinamentos semanais.

Atualmente, com os treinamentos online, whatsapp, vídeos do Youtube e todas a ferramentas digitais que dispomos, fica muito mais fácil expandir as redes. A proximidade e o calor humano, ainda são, e continuarão sendo, a grande força do MMN, mas a tecnologia facilita conhecer novas pessoas e treinar a rede. Acredito que o networker bem sucedido daqui para o futuro será altamente engajado com a tecnologia, sem perder a empatia com as pessoas.

JOVENS

Além de tudo, tenho observado, principalmente, entre os mais jovens, que são mais conectados à tecnologia, um movimento em relação, não apenas a empreender, mas ter um negócio próprio que os mantenham motivados.

Os profissionais da Geração Y, também conhecidos como Millennials, jovens nascidos entre 1980 e 2000, tem procurado treinamento e coaching, buscando ativar todo seu potencial e saber exatamente o que fazer para ter uma vida produtiva e feliz.

Os Millennials, talvez por causa da globalização, demonstram ser mais comprometidos com os problemas da humanidade. Estão sempre em busca de um significado para o que fazem, sob o risco de abandonarem cursos, empresas ou profissões, se não encontrarem.

O MMN com a possibilidade de trabalhar online, desafios e recompensas bem definidos não é para os jovens uma excelente opção de carreira?

Idosos

O aumento da faixa etária é tendência em todo o país. Segundo o IBGE, a população brasileira terá 39,2 milhões de crianças (17,59% da população) e 41,5 milhões de idosos (18,62%) em 2030. O Sebrae afirma que o perfil das pessoas com idade acima de 60 anos é bem diverso: engloba desde os senhores que jogam xadrez na praça e as senhoras que fazem tricô em casa até aqueles que viajam regularmente, frequentam academias de ginástica, submetem-se a procedimentos estéticos e consomem produtos e serviços altamente especializados.

Os idosos são atraídos por ofertas de produtos específicos às suas necessidades, além de privilegiarem o atendimento diferencial, independentemente do preço final que esse adicional custará.

Embora ainda exista a ideia de que o idoso é dependente financeiramente, a realidade tem se mostrado diferente: boa parte deles ainda é responsável pelo sustento da família, levando-os a continuar trabalhando depois da aposentadoria, ainda que em horário reduzido.

O MMN é uma atividade que não exige esforço físico, incentiva o convívio social, é flexível em relação a horários e pode-se trabalhar a partir de casa. Essas características não fazem com que os idosos também sejam um público que pode ser beneficiado pelo trabalho no MMN?

TEMOS VAGAS PARA TODOS

De acordo com matéria publicada pelo G1 em agosto de 2018, os brasileiros que foram para a escola por menos tempo têm sido os mais prejudicados pela piora no mercado de trabalho. Atualmente, um trabalhador com ensino superior completo tem um rendimento médio de cinco salários mínimos, enquanto um brasileiro com até um ano de estudo ganha menos que um. A diferença entre os rendimentos dos dois grupos, de 471%, é maior do que foi no ano passado, de 443%.

Independente de nível de instrução ou classe social, idade, raça, sexo, o MMN dá oportunidade para todos. Nenhuma empresa deste ramo pergunta de onde você veio, quanto você estudou, ou até se tem dívidas na praça. Para alcançar sucesso no MMN o grande segredo não é de onde você vem, mas sim, aonde quer chegar. Porém, para trilhar esse caminho, tem que estar motivado o suficiente para aprender, crescer e mudar.

MOTIVAÇÃO É A PALAVRA-CHAVE

Mas de onde vêm nossas motivações?

Pode parecer complexo, mas Abraham Maslow um renomado psicólogo americano, ciente da importância dessa reflexão, criou um mapa para desvendarmos esse mistério. Segundo ele, as pessoas têm um conjunto de necessidades diferentes que se sobrepõem umas às outras em ordem de importância.

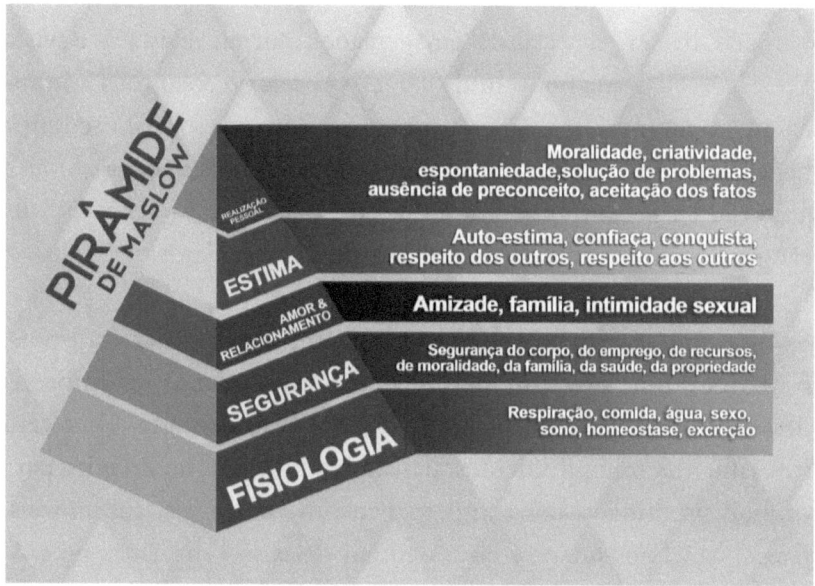

A teoria, conhecida como Pirâmide de Maslow, é uma divisão hierárquica em que as nossas motivações vêm de um conjunto de necessidades de graus de importância diferentes. Assim, ele classificou-as em níveis e afirmou que as de nível mais baixo devem ser satisfeitas antes das necessidades de nível mais alto. Além disso, que ao superar um nível de necessidade as pessoas imediatamente buscam os próximos níveis mais altos.

As primeiras, e mais urgentes, necessidades estão ligadas à fisiologia do homem. Em segundo à segurança, em terceiro aos seus relacionamentos, em quarto à sua auto-estima e, por último, à sua realização pessoal.

Então, toda pessoa que se proponha a analisar sem preconceito e detalhadamente o negócio MMN, será capaz de perceber que é uma oportunidade que possibilita qualquer um realizar suas necessidades tanto básicas como as de nível mais elevado na Teoria de Maslow.

Sidnei Oliveira, especialista em gerações, em entrevista à Revista Época, revelou que o jovem da geração Y, que recebeu toda a influência da internet, necessita de mentores. Além disso, para se sentir bem estabelecido quanto às suas necessidades mais básicas, elevar a auto-estima e alcançar realização pessoal o jovem deve ter à disposição recompensas individuais e planos de carreira claros.

Se essas são as melhores formas para motivar e engajar os jovens, o MMN é uma excelente opção, sim. Porque as maiores empresas desse segmento têm um plano de carreira bem definido. Oferecem o desafio de ganhos ilimitados, baseados em produção. Prêmios para os mais produtivos, tais como, viagens internacionais, automóveis, participação nos lucros e etc. Algumas delas são engajadas no cuidado com o meio ambiente e ações sociais, e transformam jovens em verdadeiras celebridades, em eventos glamourosos, dentro do seu programa de reconhecimento.

Por fim, o próprio paradigma de construção de redes e ganhos em múltiplos níveis, pode ser visto como propósito e missão de vida, já que interfere diretamente na vida das pessoas que são trazidas para o negócio e permite que qualquer um, independente do seu background possa mudar de classe social. Ou seja, podemos considerar que networkers são agentes ativos de distribuição de renda e prosperidade, o que colabora para o combate da desigualdade no país.

Como falar de permanecer em uma mesma carreira para uma geração inquieta que troca de emprego o tempo todo? O MMN abre a possibilidade de testar várias outras atividades em paralelo. Assim, o jovem pode encontrar-se profissionalmente ao mesmo tempo que assegura sua renda no MMN.

Porém, tenho visto que não apenas os jovens têm sidos atraídos para o MMN, pessoas da terceira idade, também tem participado cada vez mais das redes. Pois a maioria, mesmo chegando nessa fase já avançada da vida, não conseguiu ainda realizar seus sonhos. Independente de idade, vimos que todos precisamos de realização pessoal, porque não é suficiente para o ser humano conquistar apenas necessidades básicas. Os idosos procuram convívio social e envolver-se em alguma atividade que se sintam úteis e produtivos.

Certamente que a era digital causou uma disruptura na sociedade e aumentou o preconceito etário. Em seu livro Netfóbicos, Sidney Ferrér alerta que apesar do cidadão 'sênior' ter ampla experiência e conhecimento, esse problema do preconceito, infelizmente, tem se revelado mais acentuado com o advento da tecnologia. "Nesse sentido o mercado e as empresas entraram na onda da glamourização do jovem", ele afirma ainda que cidadãos da geração X e Baby Boomers, nascidos antes dos anos 80, tem que se reinventar e passar por uma transformação digital.

Como já afirmei antes, o MMN é um negócio formador de mind set empreendedor e também pode ajudar 'Netfóbicos' a pensar de forma digital à medida que o idoso recebe acompanhamento um a um. Uma mentoria personalizada e permanente da pessoa que o trouxe para o negócio. Então, sim, o MMN pode beneficiar também os idosos.

Independente da idade, sexo ou raça, as pessoas são tremendamente afetadas pela tecnologia. Milhões de postos de trabalho serão eliminados e funções tornadas obsoletas. Mas no MMN, sim, TEMOS VAGAS, para todos.

a força da
MULHER

SEGUNDO O Instituto de Pesquisa Econômica Aplicada (IPEA), as mulheres brasileiras trabalham em média 7,5 horas a mais que os homens por semana, com base no período de 1995 a 2015 da Pesquisa Nacional por Amostra de Domicílios (PNAD), do Instituto Brasileiro de Geologia e Estatística (IBGE). Em 2015, a jornada total média das mulheres era de 53,6 horas, enquanto a dos homens era de 46,1 horas. Em relação às atividades não remuneradas, mais de 90% das mulheres declararam realizar atividades domésticas – proporção que se manteve quase inalterada ao longo de 20 anos, assim como a dos homens, em torno de 50%.

Mais do que uma fonte de renda extra, as vendas diretas proporcionam flexibilidade de horários, ganhos ilimitados, independência financeira e novas perspectivas profissionais para milhões de mulheres em todo país. Trata-se da realização pessoal e da chance de trabalhar menos horas e em um negócio próprio.

De acordo com a WFDSA, do total de 103 milhões de empreendedores em todo o mundo, a força de vendas feminina representa 75% das vendas globais. Na América Latina, por sua vez, o número sobe para 90% e conta com o mercado brasileiro, com 57%, como mola propulsora de um setor em ascensão.

Robert Kiyosaki, em seu livro, 'O negócio do século XXI', escreveu sobre o destaque das mulheres na atividade do MMN. Ele diz que o trabalho de apoio, *coaching* e manutenção de relacionamentos de um patrocinador (pessoa que cadastra outra) de MMN para com seus aprendizes é o tipo de interação em que as mulheres se destacam.

O autor faz uma lista de razões que levam as mulheres a desenvolverem essa atividade. O primeiro motivo é que as estatísticas mostram que as mulheres geralmente não são educadas para cuidarem de si financeiramente, em especial quando envelhecem, por isso, chegam à idade de aposentadoria sem recursos.

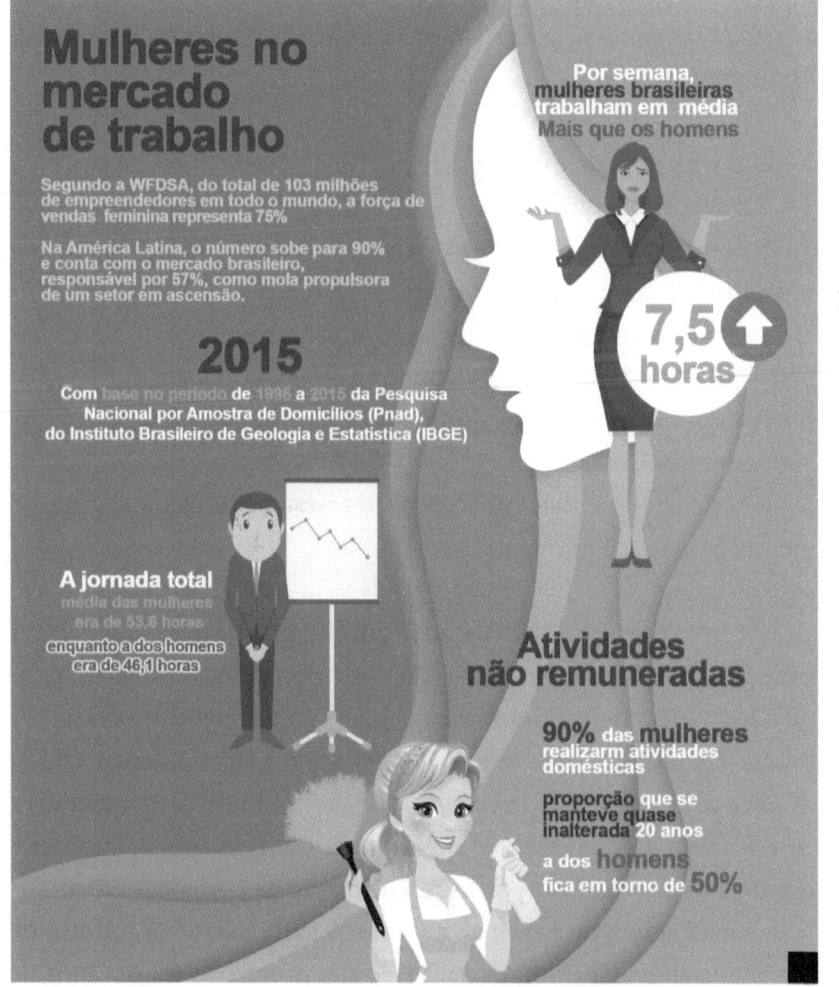

Mulheres no mercado de trabalho

Segundo a WFDSA, do total de 103 milhões de empreendedores em todo o mundo, a força de vendas feminina representa 75%

Na América Latina, o número sobe para 90% e conta com o mercado brasileiro, responsável por 57%, como mola propulsora de um setor em ascensão.

2015

Com base no período de 1995 a 2015 da Pesquisa Nacional por Amostra de Domicílios (Pnad), do Instituto Brasileiro de Geologia e Estatística (IBGE)

A jornada total média das mulheres era de 53,6 horas enquanto a dos homens era de 46,1 horas

Por semana, mulheres brasileiras trabalham em média Mais que os homens

7,5 horas

Atividades não remuneradas

90% das mulheres realizarm atividades domésticas

proporção que se manteve quase inalterada 20 anos

a dos homens fica em torno de 50%

Evitar dependência financeira, porque no MMN não há distinção de sexo, renda ilimitada, aumento da autoestima, controle de seu tempo e construir riqueza são outras razões na lista.

O doutor em Sociologia e pós graduado em Marketing pela PUC/SP, Ricardo Machado, no seu livro 'Venda direta, a vitória do autônomo empreendedor', lista os diversos fatores que convergiram e levaram à construção do cenário mundial que favoreceu que essa atividade fosse uma alternativa real e concreta para o trabalho feminino no mundo de hoje:

1 - Um ambiente de mudanças;
2 - Uma economia global;
3 - A modificação nas relações de trabalho que deram à prestação de serviços uma posição de destaque;
4 - A importância das redes de relacionamento;
5 - A personalização dos serviços;
6 - A valorização da estética, que leva cada vez mais à produção de bens com essa demanda;
7 - A entrada e a permanência definitiva e estabelecida da mulher no mercado de trabalho.

Com respeito às qualidades que a mulher possui para desenvolver este trabalho, Machado afirma que o sentido de maternidade, amabilidade, ética, comprometimento e, principalmente, o desejo de buscar e conquistar seu espaço no mercado empreendedor, faz da mulher uma força grandiosa na comercialização de bens e serviços, através desta atividade *business-one-business*. "Para muitas mulheres significa restabelecer o orgulho, o sentimento de pertença, a conquista de uma carreira profissional, a valorização da sua função dentro de um grupo que identifica, dá razão de ser, propicia o sentimento de utilidade e de uma posição verdadeira e de valor como ser humano, que participa e ocupa um lugar significativo na sociedade", diz ele.

Além disso, ele revela que o grande crescimento da força feminina nesse mercado é principalmente por causa de três fatores:

1 - O aumento do culto à beleza, ao corpo e à aparência;
2 - A vontade de realização pessoal e profissional da mulher;
3 - Necessidade de aumento da renda familiar.

No MMN os produtos chegam ao consumidor final através da propaganda profissional verbalizada pela vendedora direta. O item relacionamento pessoal tem importância fundamental. Machado diz que a mulher é eficiente, entre outros fatores, porque identifica e conhece as necessidades do cliente/usuário.

Segundo a revista Veja, 98% das mulheres brasileiras preocupam-se com a aparência e compram produtos de beleza. Nessa mesma matéria, 44% das entrevistadas revelaram que gastam mais de 20% de seus salários com produtos de beleza, e confirmam que as mulheres de renda inferior, proporcionalmente, comprometem uma parcela maior de sua renda com cosméticos do que as mulheres de renda mais elevada, demonstrando o potencial consumidor desse mercado para as vendas diretas. No seu livro Ricardo Machado traz vários depoimentos de mulheres não identificadas. Uma delas afirma que "Os cosméticos potencializam a beleza. Você compra um creme, usa um xampu, um batom e eles ajudam a trazer a beleza. É importante trazer os cosméticos para sua vida de forma positiva", diz a empreendedora.

Machado também ressalta que a renda obtida na venda direta é variável e adiciona-se muitas vezes à renda principal familiar ou mesmo supera os valores ganhos tradicionalmente. "Além de ganhar um salário na empresa, aumentar minha renda sem sair do lugar; e há a oportunidade de se conhecer muita gente nova e ganhar com isso", revela uma das entrevistadas pelo sociólogo.

Para muitas mulheres, a Venda Direta e o MMN podem ser:

1 - Um negócio próprio;
2 - Um trabalho para sair de casa todo dia e participar de treinamentos;
3 - Ganhar dinheiro e ajudar na renda familiar;
4 - Um tipo de trabalho de horário flexível;
5 - Dá para cuidar da casa e ainda construir renda;
6 - Sentir-se valorizada;
7 - Incentivos para crescer na carreira quando encontra a empresa certa e os produtos que se adaptam melhor, afirma categoricamente uma das vendedoras autônomas entrevistadas na pesquisa.

Ricardo Machado destaca que encontrou um fator muito importante na construção das organizações em vendas diretas: paixão. "Essa pequena palavra revela a força das equipes que criam redes de consumidores apaixonados pelos produtos e vendedoras dispostas a qualquer sacrifício para fornecer uma experiência diferenciada a todos os potenciais compradores. O objetivo final é fidelizar o consumidor à marca e ao produto e desta forma criar um fluxo de caixa mensal", explica o sociólogo. "No futuro, daqui a 10, 15 anos, quero se bem-sucedida, quero ter minha casa, não estar pagando aluguel, que é meu grande sonho. Este negócio de vendas diretas pode me ajudar muito", disse, uma das mulheres, em seu depoimento para o livro.

Dados de uma pesquisa realizada pela Rede Mulher Empreendedora (RME), com 1300 mulheres em todo o país, confirmam isso.

Cerca de 66% dizem trabalhar com o que gostam, enquanto 34% afirmam que empreender é realizar um sonho.

É CLARO, QUE SENDO MULHER, trabalhar em casa e poder administrar os meus horários foi um diferencial para eu me apaixonar pelo MMN. Quando era militar, saia de casa diariamente às 5h30 e só voltava às 18h.

Pelo menos duas vezes por mês tirava serviço 24h e depois tinha que cumprir expediente. Passava quase dois dias inteiros longe dos meus filhos quando eles eram bem pequenos, na faixa dos zero aos seis anos de idade. Passei por problemas comuns a todas as mães que trabalham fora. Fui obrigada a deixar meus filhos com pessoas que muitas vezes mal conhecia. Houve ocasiões de descobrir que eram muito irresponsáveis com as crianças. Quando isso acontecia, lá começava a luta para conseguir outra pessoa com boa indicação.

Em certa ocasião, enquanto ainda morava no Rio, minha mãe chegou na minha casa e do portão ouviu meu filho mais velho, que na época tinha um ano e meio, aos gritos, entrou de ponta de pé para ver o que estava acontecendo e encontrou ele preso na cadeirinha de comer e a pessoa que deveria estar cuidando dele estava roncando na minha cama. De outra vez, quando morava em Goiânia, Celso chegou em casa e a pessoa que cuidava das crianças estava de pé, branca como papel e gelada. Depois de tomar um copo d'água e gaguejar muito, explicou que os meninos, meu caçula, que na época tinha 6 anos, e o filho da minha vizinha, da mesma idade, tinham passado por fora da janela de um quarto para o outro, pisando nas jardineiras que havia debaixo de cada uma das janelas. Acontece que o apartamento era no décimo sexto andar. Acredito que não fui a única mulher a passar por situações assim. Então, poder ter mais tempo para participar da educação dos filhos foi fundamental para mim.

Porém, tenho que confessar que no início do MMN ainda precisei deixar meus filhos com outras pessoas por alguns anos. Precisava viajar, sair á noite para dar reuniões e mostrar a oportunidade para as pessoas. Simplesmente não poderia chegar na casa dos outros com duas crianças pequenas. Muitas vezes, Celso tinha um compromisso agendado em um local e eu em outro. Quase sempre, era necessário nós dois para mostrar a oportunidade para um outro casal. No início, era pior do que antes, pois além de não estar com eles durante o dia, tinha que colocá-los para dormir bem cedo e sair de fininho. Então, não foi imediatamente que conquistei o direito de ficar mais tempo com eles. Levou tempo. Um tempo necessário para eu ganhar dinheiro suficiente para largar o meu emprego. Depois disso, para expandir os negócios para fora da cidade, comecei a fazer muitas viagens e tinha de novo que deixá-los com outros, não era todo dia, mas era constante.

Até formar um time de líderes que desenvolvessem as organizações, mesmo sem a minha presença, ainda tive que deixá-los algumas vezes. Entretanto, valeu muito a pena. Viajamos muito juntos pelo mundo, Disney, Beto Carrero, Europa, Punta Del Este, entre outros lugares que ficaram na memória deles para sempre. Tenho muito orgulho dos homens que eles se tornaram e sei que eu e o pai deles sempre fomos exemplo de que a vida só vale a pena se você faz o que ama, mas para se fazer o que ama, tem que se conquistar isso, com luta e coragem. Sempre existe um preço a ser pago.

Quanto à afirmação de que as mulheres se destacam no MMN, concordo com os argumentos colocados por Robert Kiyosaki, pesquisei e confirmei os números, mas em minhas organizações a maioria é de homens. Pelo menos na liderança. Talvez, porque Celso sempre esteve à frente do negócio comigo, temos muitos casais líderes, em que ambos desenvolvem o MMN. Porém, são eles que se comprometem com as apresentações e treinamentos. Muitas mulheres, que trabalham de verdade, ainda preferem ficar nos "bastidores" do negócio. Tenho sentido uma mudança, mas me parece ainda lenta, em relação ao que vejo em outros países, onde as mulheres realmente dominam.

80

empreendedores
INVISÍVEIS

"A MÍDIA MERCANTIL É SEM LIMITES
e domina os ideais e decisões
da massa democrática e política, sem que haja qualquer tipo de
controle social, estatal e sem a res-
ponsabilização necessária dos seus
atos midiáticos, que em maioria
utiliza de notícias e entretenimen-
tos direcionados a obter benefícios particulares", afirma o professor, da PUC/SP, Francisco César
Pinto da Fonseca, em seu artigo
'Mídia, poder e democracia: teoria e práxis dos meios de comunicação', publicado na edição de
número 6, da Revista Brasileira
de Ciência Política na cidade de
Brasília. Como jornalista e cidadã
liberal, defendo a liberdade de im-
prensa. Porém, tenho a consciên-
cia de que a afirmação do professor Pinto da Fonseca é real. É fato
que a Mídia se utiliza da notícia
não neutra para alcançar objetivos
e interesses dos detentores do poder político e financeiro.

Muito se fala em distribuição de
renda no Brasil, mas a quem realmente isso interessa? Por que o
MMN é tão pouco divulgado pela

Mídia? Por que nas raras ocasiões que foi notícia, sempre foi de forma negativa? Por que milhares de empreendedores bem sucedidos são ignorados enquanto exemplos de sucesso? A Mídia brasileira aborda o MMN como uma atividade legítima e honesta? São perguntas para as quais precisamos respostas.

O senso comum existente sobre o MMN não faz justiça ao seu papel no crescimento do empreendedorismo no país. Odmar Almeida, CEO de uma empresa multinacional de MMN, com sede no Brasil, em uma entrevista à ABEVD, lembra que as empresas de vendas diretas, em geral, oferecem uma forma de empreender segura e com baixo investimento – o que é muito atraente para aqueles que pretendem investir em um negócio próprio. "Este é o maior setor 'incubador' do país, tendo formado mais de 4,3 milhões de empreendedores Brasil afora. No entanto, ainda é pouco reconhecido e tratado como tal", afirma o executivo.

A mídia em geral trata o MMN como um modelo de negócio invisível.

Quando se fala de MMN na mídia é para denunciar um sistema ilegal de pirâmide financeira que geralmente vem disfarçado de MMN. Em 2012 e 2013 as pirâmides se expandiram no Brasil de forma alarmante. As empresas idôneas de MMN foram abaladas em suas bases. Muitos empreendedores saíram de onde estavam e foram para as pirâmides, disfarçadas de MMN, por causa da promessa de negócio fácil. Nessa época o MMN estampou as manchetes em todos os meios de comunicação, sempre relacionado ao sistema ilegal de pirâmides. Reportagens positivas em relação ao tema são raríssimas e de pouca visibilidade.

O jornalismo brasileiro não reconhece o MMN como modelo de negócio à disposição no mercado, mesmo que empreendedores não

¹Para saber a opinião sobre o MMN de várias personalidades do empreendedorismo, use os QRs Codes abaixo:

Marketing Multinivel by Roberto Shinyashiki - Forever Brasil

Disponível em: https://www.youtube.com/ watch?v=TeNUFgNXTes

É possível encarar o marketing multinível como sua principal fonte de renda? - Gustavo Cerbasi

Disponível em: https://www.youtube.com/ watch?v=PQv5H-HkHEE

Robert Kiyosaki: Pessoas Certas para o Marketing Multinível - Supreme Team

Disponível em: https://www.youtube.com/ watch?v=Pk2dXlyfrtc

Flávio Augusto explica-Marketing Multinível - Edilson Fiel

Disponível em: https://www.youtube.com/ watch?v=epzV9f3aSCM

invisíveis, ou seja, renomados, reconheçam o MMN como uma boa alternativa para empreender¹.

A legitimidade e a importância do MMN para a sociedade brasileira enquanto fomentador do empreendedorismo ainda não foi evidenciada pela Mídia.

O MMN DESAFIA OS PODERES CONSTITUÍDOS?

Pedro Cavalcanti Ferreira, professor da Fundação Getúlio Vargas, em um artigo para a Folha de São Paulo, afirma que existe uma alta ineficiência econômica no país. "Nota-se um retrocesso na eficiência econômica devido a adoção de políticas industriais arbitrárias e de barreiras comerciais, à intervenção desastrada e contínua do governo ou ao aumento da complexidade de nosso sistema tributário", afirma o professor.

O estudo *Doing Business* 2017, mede a facilidade em fazer negócios em 190 países. No ranking geral, o Brasil ficou na 123ª posição, duas abaixo da classificação no relatório de 2016, quando ficamos em 121º lugar. Dentre os pontos mais críticos estão o pagamento de impostos 181º lugar e a burocracia para a abertura de empresas 175º.

O MMN desafia os modelos de negócios já constituídos, porque traz uma nova abordagem que livra os empreendedores da burocracia entre outras dificuldades que já listamos aqui. Ao fazer isso, será que representa uma afronta aos interesses dos poderosos? Desde a revolução industrial não estamos todos sendo educados e treinados para fazer parte da classe operária? A Mídia que serve a esses poderes têm interesse em divulgar tal atividade de negócio, que traz como base a livre iniciativa?

ALGUNS EMPREENDEDORES CAÍRAM NO RIDÍCULO?

TAMBÉM TEMOS QUE COLOCAR EM QUESTÃO a postura profissional, ou a falta dela, de muitos que trabalham o MMN no Brasil.

Existe uma prática que embora eu mesma tenha usado muito e por muito tempo - porque aprendi que se devia fazer assim - atualmente, depois dos tantos anos de experiência, coloco em dúvida. Me refiro a promover o negócio mostrando cheques, casas e carros.

Nunca conheci um médico, advogado, engenheiro ou empresário que para mostrar que tem sucesso precisa ficar dizendo quanto ganha e o que comprou com seus ganhos. Por diversas vezes mostrei até meu extrato de imposto de renda para que as pessoas acreditassem nos valores dos meus bônus. Não faço mais isso. Entendo que no MMN não temos estrutura física e fica difícil da maioria das pessoas enxergar as possibilidades de ganhos que temos. Porém, o MMN já não é tão desconhecido como antes. Atualmente, a maioria das pessoas já sabe o conceito ou já ouviu falar. Portanto, creio que já é chegada a hora de uma postura mais profissional e firme para conquistarmos reconhecimento.

É natural que as pessoas duvidem, mas e daí? Os melhores empreendedores que tenho em minha equipe trouxe para o negócio quando ainda não ganhava dinheiro. A maioria das pessoas não acredita em quanto dinheiro eu ganho até hoje. Então, na prática, não faz muita diferença na hora de cadastrar alguém para o negócio. Obviamente que as pessoas percebem o meu estilo de vida, da mesma forma que acontece com qualquer outro empresário bem-sucedido, seja qual for sua área. Claro, que se perguntam eu falo dos meus resultados. Mas não começo uma conversa de negócios já esfregando na cara das pessoas meu patrimônio.

Então, apresentações de MMN sempre foram baseadas no sistema 'veja quanto eu ganho e tudo que comprei'. O que, na minha opinião, para o início do negócio no país foi necessário, mas permanecer nessa estratégia causou uma desvalorização do profissional de Network.

Soma-se a essa realidade os que insistem em gastar muito mais do que ganham para exibir um status que ainda não conquistaram. Claro que temos que acrescentar nessa receita, também, as velhas falácias - citadas no capítulo 4 - divulgadas até hoje.

O resultado é uma falta de credibilidade que nos torna tais como 'os novos ricos', pessoas bem-sucedidas mas de comportamento inconveniente. Muitos de nós com faturamentos muito acima da média de qualquer outro empresário, mas que não tem o mesmo prestígio e reconhecimento na sociedade.

Quem, sendo networker, no Brasil, já não teve a experiência de ver a expressão de desdém no rosto de um empresário quando você fala qual seu ramo de negócio?

Será que a Mídia, como sua forma de desdenhar, nos trata como 'invisíveis' pelos mesmos motivos? São questões sobre as quais precisamos refletir. Temos que reverter essa realidade e começar a chamar atenção da forma correta. Ética e profissionalismo são pilares seguros para basear essa virada. Nada garante que ainda assim a Mídia fará justiça aos méritos do MMN, afinal, como já coloquei aqui, existe muito interesse em que as pessoas continuem sendo preparadas para serem funcionárias. Porém, será excelente saber que nós Networkers estamos fazendo tudo o que podemos. Afinal, só isso nos compete, fazer direito a nossa parte e poder dizer com orgulho: eu sou um empreendedor da livre iniciativa. Eu sou um networker.

88

CONCLUSÃO

AGORA VOCÊ JÁ ESTÁ DEVIDAMENTE habilitado a ter a sua. A ideia aqui foi trazer informações e a minha própria experiência profissional com o objetivo de contribuir para a compreensão do MMN no seu mais amplo aspecto. Procurei apresentar para o público em geral a legitimidade do modelo de negócio baseando-se em fatos, dados e fontes, através de um olhar jornalístico.

Espero ter esclarecido para os leigos que o MMN é um modelo de negócio digno de credibilidade e reconhecimento. Aos networkers deixei empoderamento.

Em minha narrativa trouxe reflexões sobre a importância social e econômica da atividade e suas relações com o empreendedorismo.

A relevância do MMN para o empreendedorismo feminino, como a mídia tradicional retrata o MMN, o MMN como alternativa para inserção no mercado de trabalho de profissionais que foram substituídos pela tecnologia, os riscos e desafios envolvidos na atividade são assuntos importantes que servem de elementos para o leitor formar opinião em relação ao modelo de negócio.

Um olhar diferente, muitas informações relevantes, questões, reflexões e provocações foram colocadas como minha contribuição para que o senso comum existente sobre o MMN possa fazer justiça ao seu papel no crescimento do *mind set* empreendedor no país.

90 Enfim, não tenho a pretensão de mudar a opinião de todos. Certamente que os empreendedores desse setor ainda terão que lidar com a falta de informação e o preconceito. Porém, o livro se propõe a mostrar a legitimidade e a importância do MMN para a sociedade brasileira enquanto fomentador do empreendedorismo. Minha colaboração na formação de um novo, e mais justo, senso comum sobre esse modelo de negócio.

Oportunidade ou golpe? Com certeza, você já tem informações suficientes para saber a resposta.

Ficarei muito feliz em receber um contato com a sua opinião sobre o livro.

Tania Diniz
taniadiniztmm@gmail.com
@taniadinizforever

DIAMANTE EM MIM *enfim,*

[1]Para ver as fotos do evento use o QR Code acima

Álbum de fotos - Dia do Sucesso Recife - Flickr - Celsoetaniadiniz

Disponível em: https://www.flickr.com/photos/celsoetaniadiniz/albums/72157675883970184

[2]Para ouvir a música use o QR Code acima

Warner Music Group - Conquest Of Paradise · Vangelis - Various artists - Topic

Disponível em: https://www.youtube.com/watch?v=Nd-DIMOLCY4

EU OLHAVA para as portas fechadas, ao meu lado Celso segurava minha mão. Vozes e sons de murmúrio vinham de dentro do salão[1]. Eu arrumava o cabelo, puxava o vestido para baixo, para ficar bem esticado e não aparecer nenhuma barriguinha. Era um vestido nude, longo, todo rendado, com aplicações de pedrarias, que eu havia escolhido com todo cuidado para a ocasião. Combinava bem com a sofisticação do Hotel Sheraton da Reserva do Paiva em Recife.

Um misto de alegria e ansiedade em meu peito. Aproximava-se o momento tão esperado. Aqueles poucos minutos começaram a parecer uma eternidade. Quando finalmente uma música lá dentro começou

91

a tocar. A nossa música. *Conquest of Paradise de Vangelis*[2]. Desde que a ouvimos, pela primeira vez, em 1995, que a escolhemos para esse momento.

Huhum, huhum, hum, hum, eu ouvia, cada vez mais alto. De repente, as portas se abriram e alguém anunciou os mais novos Safiras Diamantes Celso e Tania Diniz. A multidão abriu alas e passamos por um tapete vermelho em um corredor de acenos, sorrisos e celulares apontados para nós e eu podia sentir o amor e respeito daquelas pessoas. Quando cheguei ao palco a emoção era tanta que só uma palavra me vinha à mente: gratidão.

- Esperei mais de 20 anos para ter diamante no meu nome - eu disse, entre soluços e lágrimas de alegria.

Fiz todos os agradecimentos necessários. À empresa, à minha rede, meu esposo e a Deus. Minha alma estava tomada de gratidão. Depois de tantos anos, finalmente o reconhecimento. Não que já não tivéssemos outros tantos momentos incríveis com recompensas financeiramente muito mais importantes. Mas conquistar aquelas pedras brancas ao lado de outras azuis em um broche de ouro, naquele instante, para mim, não tinha preço.

Ainda vai chegar o dia quando todas as pedras serão brancas e alcançaremos o nível maior. Porém, já ter diamante no nome e um pin com diamantes em mim fez toda a diferença. Impossível descrever a sensação.

Momentos assim superam todo o trabalho. Fazem valer toda a persistência, esquecer todas as frustrações e faz de nós, Networkers, felizes e apaixonados pelo MMN.

REFERÊNCIAS

ABEVD, **Brasil se mantém na sexta posição do ranking da WFD-SA,** disponível em http://www.abevd.org.br/imprensa/indicadores--do-setor/brasil-se-mantem-na-6a-posicao-do-ranking-da-wfdsa/

ABEVD, **Mulheres empreendedoras dominam setor de venda direta,** disponível em http://www.abevd.org.br/noticias-publicacoes/mulheres-empreendedoras-dominam-setor-de-venda-direta/

ABEVD, **Vendas Diretas movimentam R$ 20,9 bilhões 1º semestre de 2017,** disponível em http://www.abevd.org.br/noticias-publicacoes/vendas-diretas-movimentam-r-209-bilhoes-no-1o-semestre-de-2017.

ALVES, Renato, **O cérebro com foco e disciplina,** Editora Gente, São Paulo, 2014.

ARAGÃO, Paulo de Tarso, **Uma pequena história do Marketing Multinível,** editora Comunigraf, Recife, PE,2009.

BETHANY, **Network Marketing Course Information,** disponível em https://www.bethanylb.edu/academics/areas-of-study/network--marketing/course-information/

BREMNER, John, **Como Ficar rico com Network Marketing,**

CLEMENTS, W. Leonard, **Conheça os Segredos do Network Marketing,** Editora Record, 1998.

ENTREPRENEUR, **Deciding if Network Marketing is Right for You,** disponível em https://www.entrepreneur.com/article/84228

ÉPOCA NEGÓCIOS, **Geração Y, o que os jovens mais precisam nesse momento é de mentores,** disponível em https://epocanegocios.globo.com/Carreira/noticia/2015/05/geracao-y-o-que-os-jovens-mais-precisam-nesse-momento-e-de-mentores.html

ESTADÃO, **Kodak sucumbe à era digital e pede concordata,** disponível em http://www.estadao.com.br/blogs/jt-seu-bolso/2012/01/20/kodak-sucumbe-a-era-digital-e-pede-concordata/

FAEL, CURSOS, GRADUAÇÃO, **Marketing de Rede,** disponível em https://fael.edu.br/cursos/graduacao/marketing-de-rede/

FOLHA, **PIB dos Estados Unidos cresce 4,2%,** disponível em http://www1.folha.uol.com.br/fsp/1995/10/28/dinheiro/17.html

FORBES, **Is mim a bad word,** disponível em https://www.forbes.com/sites/chicceo/2012/09/27/is-mlm-a-bad-word/#47a042784dd4

FORBES, **Can Network Marketing save your retirement,** disponível em https://www.forbes.com/sites/robertlaura/2017/07/27/can-network-marketing-save-your-retirement/#13bbfcb4c689

FYA, **Future of work final report,** disponível em http://www.fya.org.au/wp-content/uploads/2015/08/fya-future-of-work-report-final-lr.pdf

FYA, **The Foundation for Young Australians,** The New Work Order- disponível em http://www.fya.org.au/wp-content/uploads/2015/08/fya-future-of-work-report-final-lr.pdf.

G1, ECONOMIA, **Empresas industriais tiveram receita de 27 trilhões em 2013 diz IBGE,** disponível em http://g1.globo.com/economia/noticia/2015/06/empresas-industriais-tiveram-receita--de-27-trilhoes-diz-ibge.html

G1, ECONOMIA, **Crise faz crescer diferença salarial por anos de estudo,** disponível em https://g1.globo.com/economia/noticia/2018/08/11/crise-faz-crescer-diferenca-salarial-por-anos-de-estudo.ghtml?utm_source=push&utm_medium=app&utm_campaign=pushg1

GLOBO O, ECONOMIA, **Jornada de trabalho feminina tem 75 horas mais do que masculina,** disponível em https://oglobo.globo.com/economia/jornada-de-trabalho-feminina-tem-75-horas-mais--do-que-masculina-21019512

INVESTOPEDIA, **Who is 'Joseph Schumpeter',** disponível em https://www.investopedia.com/terms/j/joseph-schumpeter.asp

KIYOSAKI, Robert, **O Negócio do Século XXI,** Editora Alta Books, Rio de Janeiro, 2017.

KIYOSAKI, Robert, **Pai Rico Pai Pobre,** Editora Elsevier, Rio de Janeiro, 2000.

KOTLER, Philip, **Marketing 3.0 - As Forças Que Estão Definindo o Novo Marketing Centrado No Ser Humano,** Editora Campus, 2010.

MACHADO, Ricardo, **Venda direta, a vitória do autônomo empreendedor,** Editora Alaúde, 2008.

POE, Richard, **Muito mais sobre Network Marketing,** editora Record, Rio de Janeiro, RJ,1997.

POE, Richard, **Tudo sobre Network Marketing,** editora Record, Rio de Janeiro, RJ,1995.

REALSCAM, **Multi level Marketing not taught Havard,** disponível em http://www.realscam.com/f9/multi-level-marketing-not-taught-harvard-192/

SLIDESHARE, **We are Social,** disponível em https://www.slideshare.net/wearesocial/digital-in-2018-in-southern-america-part-1-north-86863727

SUCCESS, **Introducing the Youeconomy,** disponível em www.success.com/article/introducing-the-youeconomy

SUCCESS, **The Youeconomy the movement that is changing the way we work and live,** disponível em https://www.success.com/article/the-youeconomy-the-movement-that-is-changing-the-way--we-work-and-live

TRUMP, Donald, KIYOSAKI, Robert, **Nós queremos que você seja rico,** Editora Alta Books, Rio de Janeiro, 2017,

WORRE, Eric, **Go Pro - 7 Passos para ser um profissional de Marketing de Rede,** Editora Rumo ao topo.

WFDSA, **Final sales report,** disponível em https://wfdsa.org/wp--content/uploads/2017/06/Final-Sales-Report-2016-5-26-2017.pdf